北京大學圖書館藏"大倉文庫"書志

北京大學圖書館 編

（二）

中華書局

史部

（續）

歷代史纂左編一百四十二卷

明嘉靖刻本

DC0117十函一百二册

明唐順之編輯。

唐順之（1497—1551），字應德，號荆川，明武進人。嘉靖八年會試第一，官至右僉都御史，崇禎時追諡襄文，世稱"荆川先生"。

書高26.2釐米，寬17釐米。版框高20.7釐米，寬14.4釐米。每半葉十行，行二十字，小字雙行，字數同。白口，單白魚尾，四周單邊。魚尾上方記"史纂左編"及卷次，下方記篇名，版心下方記葉次，底部記刻工。

卷一首葉第一行題"歷代史纂左編卷第一"，第二行題"明都察院右僉都御史提督淮揚軍務前左春坊右司諫兼翰林院編修武進唐順之編輯"，第三行題"太子太保兵部尚書都察院右都御使總督浙直等處軍務新安胡宗憲校刊"，第四、第五行題"門生宜興王革/武進左柰校正"，第六行起正文。

書首有荆川先生自序，"歷代史纂左編凡例并引"，"歷代史纂左編目録"，目録後有嘉靖辛酉胡松"史纂左編後序"。

書中有朱墨批校。

書中鈐"宋筠"、"大倉文化財團藏書"朱印。

歷代史纂左編卷第一

明都察院右僉都御史提督淮揚軍務前左春坊左司諫兼翰林院編修武進唐順□

太子太保兵部尚書都察院右都御史總督浙直等處軍務新安胡宗憲校刊

門生宣興□□革

武進左□□校正

君

漢高祖

　附　田儋

　　盧綰　彭越　黥布

　　　陳豨　吳芮

漢高祖劉邦字季沛豐邑中陽里人也母媼嘗息大

澤之陂夢與神遇是時雷電晦冥太公往視則交

龍於上巳而有娠遂產高祖高祖爲人隆準而龍顏

唐書合鈔二百六十卷附唐書宰相世系表訂譌十二卷唐書合鈔補正六卷

清同治十年（1871）杭州吳煦刻本

DC0024八函八十册

清沈炳震訂鈔，清丁子復補正。

沈炳震（1679—1737），字寅馭，號東甫，浙江歸安人。乾隆元年薦試博學鴻詞，報罷，明年卒。丁子復，生卒年不詳，字見堂，號小鶴，有室名"片石居"，清代浙江嘉興人。

書高28.5釐米，寬17.8釐米。版框高20.7釐米，寬15.2釐米。每半葉十行，行二十一字，小字雙行，字數同。黑口，無魚尾，左右雙邊。版心記"唐書"及卷次，下記篇名，又下記葉次。

卷一首葉第一行頂格題"唐書卷第一"，下空十一格題"本紀一"，第二行正文。

書首有清雍正癸丑柯煜撰"唐書合鈔序"，"唐書合鈔例"，"唐書撰人姓名"，"唐書卷首目録"。書末有清嘉慶癸酉查世佺撰跋。

函套書籤墨題"新舊唐書合鈔"。

書中鈐"大倉文化財團藏書"朱印。

唐書卷第一　　本紀一

高祖

高祖神堯大聖光孝皇帝姓李氏諱淵字叔德其先隴西
狄道人涼武昭王暠七代孫也暠生歆歆生重耳仕魏
爲宏農太守重耳生熙熙爲金門鎮將領豪傑鎭武川因
家焉儀鳳中追尊宣皇帝熙生天錫仕魏爲幢主大統
中贈司空儀鳳中追尊光皇帝皇祖諱虎後魏左僕射
封隴西郡公與周文帝及太保李弼大司馬獨孤信等
以功參佐命當時稱爲八柱國家仍賜姓大野氏周受
禪追封唐國公謚曰襄至隋文帝作相還復本姓武德

十六國春秋一百卷

清乾隆四十六年（1781）欣託山房刻本

DC0503四函二十冊

北魏崔鴻撰，清汪日桂重訂。

崔鴻（478—525），字彥鸞，齊州清河人。歷官尚書兵部郎中，司徒長史，孝明帝時詔以本官緝修國史。

書高28釐米，寬17.9釐米。版框高20.7釐米，寬14.5釐米。每半葉九行，行十八字，小字雙行，字數同。白口，單黑魚尾，左右雙邊。魚尾上方記"十六國春秋"，下方記卷次，版心下方記葉次。內封題"汪氏正本/十六國春秋/欣託山房重刊"。

卷一首葉第一行頂格題"前趙録一"，下空六格題"春秋卷第一"，第二行題"魏散騎常侍崔鴻撰"，第三行起正文。總目首葉第一行題"十六國春秋"，第二行題"仁和汪日桂一之重訂"，第三行起正文。

書首有乾隆四十六年汪日桂"重刊十六國春秋序"，北齊魏收撰崔鴻本傳，"十六國春秋總目"。

書中鈐"寶書堂陶氏印"、"大倉文化財團藏書"朱印。

案語：以乾隆三十九年汪氏原刻舊版校正剜改，卷一首葉正面五行"冐"改"冒"，六行"氐"改"氏"，"弦"剜去末筆，七行"冐"改"冒"。卷首序據乾隆四十一年校改本剜改。

前趙錄一

春秋卷第一

魏 散騎常侍 崔鴻 撰

劉淵

劉淵字元海新興匈奴中人先夏后氏之苗裔
曰淳維世居北狄千有餘歲至冒頓襲破東胡
西走月氏降服丁零內侵燕代控弦之士四十
餘萬漢祖患之使劉敬奉公主以妻冒頓約為
兄弟故子孫遂冒母姓為劉氏建武初烏珠留
若鞮單于子右奧鞬日逐王比自立為南單于

江表志三卷

清初鈔本

DC0049一函一册

宋鄭文寶著。

鄭文寶(953—1013),字仲賢,一字伯玉,汀洲寧化人。宋太平興國八年進士,官至兵部員外郎。

書高24.7釐米,寬16.7釐米。每半葉九行,行二十一字。

卷上首葉第一行題"江表志卷上",第二行題"宋鄭文寶著",第三行起正文。

書中鈐"願流傳勿損污"、"彝尊私印"、"吳城"、"吳"、"焯"、"吳蘭林西齋書籍刻章"、"畿輔譚氏藏書印"、"篤生經眼"、"翰林院印"(滿漢文)、"大倉文化財團藏書"朱印。又一印不清。原書衣鈐"乾隆三十八年十一月浙江巡撫三寶送到吳玉墀家藏/江表志壹部/計書壹本"朱戳。

案語:《四庫全書總目》卷六十六"史部·載記類"著録"福建巡撫採進本"。

江表志卷上

宋　鄭文寶　著

南唐高祖姓李諱知誥生於徐州有唐鄭王疏屬之枝

派父志祖榮俱不仕帝少孤有姊出家為尼出入徐溫

妻李氏同姓帝亦隨姊往來溫妻以其同宗憐其明慧

收為養子居諸子之上名曰知誥累典郡符溫為丞相

封齊王出鎮金陵留帝在都執楊氏政事帝沈機遠畧

莫知其際折節謙下中外所瞻綂及弱冠即秉大權楊

都浩繁之地海內所聞率由儉素無所耽溺內輔幼主

越嶠書二十卷

清末武進董氏誦芬室鈔本

DC0050 十六册

明李文鳳編次。

李文鳳，字廷儀，宜州人，自稱月山子。明嘉靖十一年進士，官至雲南按察司僉事。

書高26.9釐米，寬19.2釐米。版框高18.4釐米，寬14.3釐米。每半葉十一行，行二十字。黑口，單黑魚尾。版框外左側下刻"武進董氏誦芬室寫本"。

卷一首葉第一行題"越嶠書卷之一"，第二行題"宜山李文鳳編次"，第三行起正文。

書首有嘉靖庚子李文鳳"越嶠書序"，目録。

書中有朱筆校，鈐"大倉文化財團藏書"朱印。

越嶠書卷之一　　　　宜山李文鳳編次

　總敘

古交州在九服之內顓頊時北至幽陵南至交阯

堯命羲和宅南交舜命禹南撫交阯是後淪於蠻

夷周成王時越裳氏重九譯來貢曰天無烈風淫

雨海不揚波三年矣意者中國有聖人乎盡往朝

之周公作越裳氏琴操云於戲嗟嗟非旦之力乃

文王之德越裳即九真在交阯南應邵漢官儀曰

始開朔方遂昉於南為予基阯今作址非秦以交

阯隸象郡秦亂南海尉趙陀擊併之自立為都番

月令輯要二十四卷卷首一卷

清康熙五十五年（1716）武英殿刻本

DC0512二函十二冊

　　　　　清李光地等纂。

　　　　　書高24.6釐米，寬15.4釐米。版框高19.1釐米，寬12.7釐米。每半葉七行，行二十字，小字雙行，字數同。白口，單黑魚尾，四周雙邊。魚尾上方記 "月令輯要"，下方記卷次、類目，版心下方記葉次。

　　　　　卷一首葉第一行題 "月令輯要卷一"，第二行起正文。

　　　　　書首有康熙五十四年 "御製月令輯要序"，康熙五十五年 "月令輯要閱纂校對監造官員職名"。

　　　　　書中鈐 "大倉文化財團藏書" 朱印。

月令輯要卷一

歲令上

天道

元亨利貞〔增〕

〔易〕元者善之長也亨者嘉之會也利者義之和也貞者事之幹也〔疏〕元是物始於時配春爲發生故下云體仁則春也亨是通暢萬物於時配夏故下云合禮禮則夏也利爲和義於時配秋既物成各合其宜貞爲事幹於時配冬既物收藏事皆幹了

四時不忒〔增〕

〔易〕天地以順動故日月不過而四時不忒〔疏〕天地以順而動則日月不有過差依

元和郡縣志四十卷

清乾隆四十四年（1779）武英殿聚珍本
DC0061—函八册

　　唐李吉甫撰。

　　李吉甫（758—814），字弘憲，趙州贊皇人。官至中書侍郎同平章事，封趙國公。謚忠懿。

　　書高27.4釐米，寬16.5釐米。版框高19.3釐米，寬12.7釐米。每半葉九行，行二十一字，小字雙行，字數同。白口，單黑魚尾，四周雙邊。版心魚尾上方記"元和郡縣志"，魚尾下記卷次，又下記葉次，版心下方背面記校者姓名。目錄首葉第一行題名下方印"武英殿聚珍版"。

　　卷一首葉第一行題"元和郡縣志卷一"，第二行題"唐李吉甫撰"，第三行起正文。

　　書首有李吉甫撰"元和郡縣志原序"，元和郡縣志目錄，目錄後有乾隆四十四年紀昀等校上案語。書末有宋淳熙二年程大昌"元和郡縣志後序"，序後又有張子顏識語，淳熙三年洪邁撰後序，後序後有淳熙三年張子顏識語。

　　書中鈐"大倉文化財團藏書"朱印。

元和郡縣志卷一

唐　李吉甫　撰

關內道 一

京兆府　雍州

開元戶三十六萬二千九百九
元和戶二十四萬一千二百二

禹貢雍州之地舜置十二收雍其一也周武王都豐鎬

平王東遷以岐豐之地賜秦襄公至孝公始都咸陽秦

兼天下置內史以領關中項籍滅秦分其地為三以章

邯為雍王都廢丘今興平縣是也 司馬欣為塞王都櫟陽董翳

元豐九域志十卷

清乾隆武英殿聚珍本

DC0062一函六册

宋王存等撰。

王存,字敬仲,丹陽人。登進士第,調嘉興主簿,歷官尚書右丞。

書高27釐米,寬17.7釐米。版框高19.1釐米,寬12.6釐米。每半葉九行,行十九字。白口,單黑魚尾,四周雙邊。版心魚尾上方記 "元豐九域志",下方記卷次,版心下記葉次。提要首葉第一行題名下印 "武英殿聚珍版"。

卷一首葉第一行題 "元豐九域志卷一",第二行題 "宋王存等撰",第三行起正文。

書首有乾隆甲午 "御製題武英殿聚珍版十韻有序",四庫館臣提要,王存 "元豐九域志序",元豐九域志目錄。

卷十存四十葉,不到尾。

書中鈐 "沈季耕校閱祕藏本"、"沈氏第十二子臣宗疇"、"留耕草堂"、"大倉文化財團藏書" 朱印。

元豐九域志卷一

宋　王　存　等　撰

四京

皇祐五年以曹陳許鄭滑五州爲京畿路至和二年罷

東京

東京開封府治開封祥符二縣

地里

東至本京界二百四十五里自界首至南京六十

大清一統志三百五十六卷

清乾隆武英殿刻本

DC0515十八函一百零八册

清陳悳華等纂修。

陳悳華（1696—1779），字雲倬，號月溪。直隸安州人。雍正二年狀元，授翰林院修撰，官至禮部尚書。

書高27.4釐米，寬17.6釐米。版框高22.3釐米，寬15.3釐米。每半葉十行，行二十一字，小字雙行，字數同。白口，單黑魚尾，左右雙邊。版心最上方記"大清一統志"，魚尾下方記卷次及子目題名，又下記葉次。

卷一首葉第一行題"大清一統志卷之一"，第二行起正文。

書首有乾隆九年"御製大清一統志序"，陳悳華等奉表，"乾隆八年十一月二十八日奉旨開載諸臣職名"，"大清一統志總目"，"大清一統志目録"。

書中鈐"大倉文化財團藏書"朱印。

大清一統志卷之一

京師

京師形勢雄固土地深厚滄海環其東太行擁其西

喜峯古北諸關衛其北南面而臨天下兗豫荆揚

皆在襟帶自古都會之勝無過於此在周爲燕召

公封國漢爲要郡唐爲重鎮遼會同初升爲南京

始建都焉金爲中都元爲大都明初爲燕王封國

永樂元年建北京稱行在十九年稱京師洪熙初

復稱行在正統中始定爲京師我

世祖章皇帝統一寰區撫有九域聲敎廣被靡遠弗屆幅

大清一統志〈卷一 京師〉 二

歷代輿地沿革險要圖

清光緒五年（1879）東湖饒氏刻朱墨套印本
DC0935一册

　　　　清楊守敬撰，清饒敦秩撰。

　　　　楊守敬（1839—1915），字惺吾，敬齋，湖北省宜都人。歷官禮部顧問官、湖北通志局纂修。

　　　　書高34.8釐米，寬26.5釐米。版框高29.9釐米，寬21.8釐米。內封鐫 "歷代輿地沿/革險要圖"，內封背面牌記鐫 "光緒五年東湖饒氏開雕"。

　　　　目録首葉第一行題 "歷代輿地沿革險要圖"，第二行題 "宜都楊守敬/東湖饒敦秩同撰"，第三行起為目録。

　　　　卷首有光緒五年孫璧文 "歷代輿地沿革險要圖序"，目録。卷末有光緒己卯饒敦秩 "書後"。

　　　　書中鈐 "建春藏書" 朱印。

歷代輿地沿革險要圖

宜都楊守敬
東湖饒敦秩　同撰

宋嘉定鎮江志二十二卷首一卷附録一卷校勘記二卷元至順鎮江志二十一卷首一卷校勘記二卷附輿地紀勝鎮江府一卷

清道光二十二年（1842）包氏刻本

DC0065—0066一夾板十四册

書高29.2釐米，寬17.8釐米。内封刻"宋嘉定鎮江志/二十二卷元至/順鎮江志二十/一卷校勘記四/卷/坿輿地紀勝/鎮江府一卷/道光壬寅仲/夏丹徒包氏刊版"。

書首有清道光二十二年阮元序。《嘉定鎮江志》校勘記前有道光壬寅孟夏儀徵劉文淇撰"宋元鎮江志校勘記序"。

1. 嘉定鎮江志二十二卷首一卷附録一卷校勘記二卷

宋盧憲纂。

盧憲，字子章，浙江天台人，嘗為鎮江教授。

版框高19.9釐米，寬15釐米。每半葉十行，行二十一字，小數雙行，字數同。白口，單黑魚尾，左右雙邊。版心魚尾上方記"嘉定鎮江志"，下方記卷次，又下方記葉次，版心下方記刻工。

卷一首葉第一行題"嘉定鎮江志卷一"，第二行起正文。

書首有"嘉定鎮江志二十二卷提要"，"嘉定鎮江志目録"。

2. 至順鎮江志二十一卷首一卷校勘記二卷

元俞希魯纂。

俞希魯，字用中。曾任儒林郎、松江府路同知。

版框高20釐米，寬15.2釐米。每半葉十行，行二十一字，小數雙行，字數同。白口，單黑魚尾，左右雙邊，版心魚尾上方記"至順鎮江志"，下方記卷次，又下方記葉次，版心下方記刻工。

卷一首葉第一行題"至順鎮江志卷一"，第二行起正文。

書首有"至順鎮江志二十一卷提要"，"至順鎮江志目録"。

3. 輿地紀勝鎮江府一卷

宋王象之編。

書首有劉文淇序。

嘉定鎮江志卷一

地理

敘闕

敘郡

潤爲丹楊郡自唐天寶元年始郡名也新唐

書從木作楊舊唐書通典從阜作陽聖朝樂史

太平寰宇記云今字從木爲稱　按唐承泰二年潤州刺史韋

江淮轉運使劉晏奏狀備潤州練塘石刻

損及耆舊等狀內丹楊縣字並從木

地理志丹楊郡武帝元封二年改秦鄣郡曰丹

楊領縣十七九域志引江南地志云漢丹楊郡

　按前漢

　付友

至順鎮江志卷一

地理　缺

敘　缺

敘郡

本府宋末無改皇朝至元十二年改爲江陰鎮
江安撫使司十三年爲鎮江府路總管府二十
六年爲鎮江路總管府統司一縣三

江南道按察使治潤　唐貞觀初分天下爲十道景雲二年置十道按察使各一人潤州刺史韋銑常兼開元二年置十道按察採訪處置使潤州刺史李濬嘗兼

鎮海軍節度使治潤　唐乾元元年始置浙西道節度使時韋黃裳以節度治蘇顏眞卿侯

至順鎮江志卷一

景定建康志五十卷

清嘉慶六年（1801）孫星衍刻本
DC0063二夾板十五册

宋馬光祖修，宋周應合纂。

馬光祖（約1201—1270），字華父。浙江省東陽人。宋寶慶二年進士，官至樞密使兼參知政事，以金紫光祿大夫致仕，封金華郡公，諡莊敏。周應合，原名彌垢，字淳叟，自號溪園先生，江西武寧人。宋淳祐十年進士，曾任江陵府教授，實錄院編修等職，景定年間調東路安撫使司任職。

書高29釐米，寬17.1釐米。版框高20釐米，寬13.7釐米。每半葉九行，行二十字，小字雙行，字數同。白口，雙黑魚尾，左右雙邊。版心上魚尾上方記字數，下方記"留都錄"及卷次；"留都錄"卷二以後記"建康志"，下魚尾下方記葉次。內封鐫"敕賜兩江制署宋本/景定建康志/辛酉歲十一月重雕"，費淳序末葉末行鐫"江寧顧晴崖局刻字"，孫星衍後序末葉末行鐫"江寧劉文奎鋟字"。

卷一首葉第一行題"景定建康志卷之一"，第二行起正文。

書首有嘉慶六年費淳撰"重刻景定建康志序"，景定辛酉馬光祖撰"景定建康志序"，景定二年八月馬祖光上"進建康志表"及"獻皇太子牋"，馬光祖錄景定二年九月十七日聖旨，《景定建康志》目錄，目錄後有景定辛酉周應合撰"景定修志本末"。書末有孫星衍撰"重刊景定建康志後序"。

書中鈐"大倉文化財團藏書"朱印。

景定建康志卷之一

大宋中興建康留都錄

臣光祖恭惟

本朝以仁立國

聖聖相承用綿

億萬世無疆之休普天之下莫非治迹考之建康

為尤著粵自

藝祖皇帝應天順人

肇造區夏江南底定不戮一人廼卽南唐故府爲

留都錄一

重修琴川志十五卷

清同治光緒間鈔本
DC0064四册

　　宋孫應時修，宋鮑廉續修，元盧鎮重修。

　　孫應時（1154—1206），字季和，自號燭湖居士，餘姚人。宋淳熙二年進士，官至常熟知縣。鮑廉（？—1275），字號籍貫不詳。以平虜將軍，知臨江軍抗元兵，殉國於六合縣城。盧鎮，生卒年不詳，字子安。元至正間官守禦常熟領兵副元帥兼平江路常熟州知州。

　　書高28.6釐米，寬17.8釐米。每半葉九行，行十八字。小數雙行，字數同。版心上方記"琴川志"及卷次，下方記葉次。清諱避至"淳"字。

　　卷一首行記"重修琴川志卷第一"，第二行起正文。

　　卷首有至正乙巳正月望日金華戴良撰"重修琴川志敘"，寶祐甲寅元日朐山邱岳敘，褚中序，"重修琴川志目録"，目録有至正癸卯秋七月初吉盧鎮識語。

　　書中偶見朱筆校。

　　書根墨題"琴川志"及册次。書中鈐"錢塘丁氏藏書"、"八千卷樓藏書之記"、"光緒壬辰錢塘嘉惠堂丁氏所得"、"大倉文化財團藏書"朱印。

重修琴川志卷第一

叙縣

古制五鄙為縣此遂縣也四甸為縣此州縣也

王畿千里分為百縣縣有四郡此畿縣也時縣

大而郡小至春秋楚莊王滅陳遂縣陳則縣為

尤大戰國相侵大國分置郡邑縣鄙秦分三十

六郡以監天下之縣而縣始統于郡矣是制一

定迄今行之兹地之為縣也自晉始而海虞南

沙常熟凡三易名其更革當紀其沿襲當具其

琴川志卷一

一

至元嘉禾志三十二卷

清道光錢氏守山閣鈔本

DC0068一夾板四册

元徐碩纂。

徐碩,里貫未詳,始末亦無可考。作此書時,官嘉興路教授。

書高26.1釐米,寬16.2釐米。版框高18.9釐米,寬13.1釐米。每半葉十行,行二十字。白口,單魚尾,左右雙邊。版心下方記"守山閣"。偶見版框外上方有字,無葉次。清諱避至"寧"字。毛邊裝。

卷一首葉第一行題"嘉禾志卷第一",第二行起正文。

書首有至元著雍困敦唐天麟序,《嘉禾志》目録。

首册書衣墨題"至元嘉禾志共四册三十二卷錢氏鈔本"。有清唐翰題等校。目録後有唐翰題墨書識語,鈐"唐翰題印"朱印。首册末葉墨題"郡人唐翰題校勘重鈔"。各卷末及書衣間有校勘題記。

書中鈐"晉昌唐翰題以字行"、"大倉文化財團藏書"朱印。

嘉禾志卷第一

淞草

〔嘉興路〕九域志曰上秀州古揚州之境也周時為吳

國釋名曰吳虞也即太伯避季歷之地吳伐越二子

禦之橋李橋李即今嘉興也舊有橋李城魯定公十

四年春秋書越敗吳于橋李至哀公元年吳王夫差

敗越於夫椒報橋李也按此則知橋李者吳越之戰

地也周顯王四十六年楚威王伐越破之盡取其地

至于浙江之北故此地亦名曰楚杜佑通典云吳滅

屬越二滅屬楚是也又吳錄地理曰吳王時此地本

八閩通誌八十七卷

明弘治刻本

DC0069八十冊

　　明黃仲昭纂修。

　　黃仲昭（1435—1508），名潛，字仲昭，以字行，號未軒、退岩居士，福建莆田縣人。成化二年進士。官至江西提學僉事。

　　書高26.8釐米，寬17.5釐米。版框高22釐米，寬15釐米。每半葉九行，行二十一字，小字雙行，字數同。三黑魚尾，上下黑口，四周雙邊。上魚尾下方記"八閩通志"及卷次，下兩魚尾間記葉次，下黑口刻字數。

　　卷一首葉第一行題"八閩通誌卷之一"，第二行起正文。

　　書首"凡例"殘，"八閩通誌目錄"。

　　書中鈐"大倉文化財團藏書"朱印。

　　案語：蟲蛀傷字，已修補。

八閩通志卷之一

地理

閩地之見於載籍昉自周職方氏秦變古法始

郡縣天下閩雖爲郡猶棄不屬降君長而已至

漢無諸國已乃漸置郡縣然其詳亦不可得而

考也自孫吳奄有其地迄于隋唐郡縣之制始

大備矣歷代相禪以至于

今雖其分野之疆度封域之形勢山川之流峙潮

汐之往來固無古今之間然其間郡縣之廢置

姑蘇志六十卷

明正德元年（1506）刻本

DC0067十冊

明王鏊等纂修。

王鏊（1450—1524），字濟之，號守溪，晚號拙叟，世稱震澤先生。吳縣人。官至戶部尚書、文淵閣大學士。

書高27.5釐米，寬19.5釐米。版框高22.2釐米，寬16.5釐米。每半葉十行，行二十字。小字雙行，字數同。白口，單黑魚尾，左右雙邊。版心上方刻字數，上魚尾下刻"蘇志"及卷次，版心下方刻葉次，偶見下方記刻工。

卷一首葉第一行題"姑蘇志卷第一"，第二行起正文。

書首有正德元年王鏊"重修姑蘇志序"，紹定二年趙汝談"吳郡志序"，洪武十二年宋濂"蘇州府志序"，成化十年劉昌"姑蘇郡邑志序"，"姑蘇志目錄"，"□朝蘇州府境圖"，修志名氏。

書末有正德元年杜啓"姑蘇志後序"。

書中鈐"大倉文化財團藏書"朱印。

				州	爲路今備著之表	姑蘇志卷第一
殷	夏	虞	唐	國郡	蘇於禹貢爲揚州其後或爲國爲郡爲軍爲府	郡邑沿革表
揚	揚	揚	揚	軍府		
				路		

錫金識小録十二卷

清道光鈔本
DC0074六册

清黃印輯。

黃印，字堯咨，號迴谷，清乾隆間人。

書高25釐米，寬15.2釐米。每半葉十行，行二十五至二十七字不等。清諱避至“寧”字。

卷一首葉第一行題“錫金識小録卷一”，第二行下題“迴谷黃印輯”，第三行起正文。

書首有乾隆十七年顧奎光“錫金識小録序”，顧奎光撰“迴谷黃君傳”，“例言”，“錫金識小録總目”。

卷一至四、卷七至八鈔補。

書首扉葉有墨書題記“光緒癸卯三月購宿來記”。書中鈐“五石瓠”、“大倉文化財團藏書”朱印。

錫金識小錄卷一

迴谷黃卬輯

備考上

田粮

古制民田稅粮畝止五升明初猶然外尚有桑絲綿絹及夏麥後

併入秋粮然畝尚未及一斗今平田一畝加稅至一斗九升五合

內徵本色六升六合六勺由將官田攤入民田也邑故有官田民

零折色銀一錢三厘零宋史理宗紀言平江江陰安吉

田二項官田又有二有官買之田嘉興常州鎮江六郡已買官田

三百五十　　有籍沒豪右之田民之耕官田者猶巨室之佃戶入租

餘萬畝　　有籍沒豪右之田民之耕官田者猶巨室之佃戶入租

於官有六七斗至一石者大抵官買田至重籍沒田次之民田極

安徽通志二百六十卷首六卷

清道光十年（1830）刻本

DC0072十函一百册

清陶澍、鄧廷楨等修。

陶澍（1779—1839），字子霖，一字子雲，號雲汀、髯樵。湖南安化縣人。官至兩江總督。鄧廷楨（1776—1846），字維周，又字嶰筠，晚號妙吉祥室老人、剛木老人。江蘇江寧人。官至雲貴、閩浙、兩江總督。

書高26.6釐米，寬16.9釐米。版框高21.5釐米，寬15.1釐米。每半葉十行，行二十一字。白口，單魚尾，左右雙邊。版心上方記"安徽通志"，上魚尾下記卷次、志類、篇目、葉次。

卷一首葉第一行題"安徽通志卷一"，第二行起正文。

書首有道光五年安徽巡撫陶澍奏折，道光九年安徽巡撫鄧廷楨奏折，道光十年曹振鏞"安徽通志序"，道光十年蔣攸銛"安徽通志序"，道光九年鄧廷楨"安徽通志序"，道光十年陶澍"安徽通志序"，道光十年邱鳴泰"安徽通志序"，道光十年岳良"安徽通志序"，道光十年裕泰"安徽通志序"，道光十年恩特亨額"安徽通志序"，道光十年色卜星額"安徽通志序"，《安徽通志》纂輯職名，凡例，"安徽通志目録"。

書中鈐"大倉文化財團藏書"朱印。

安徽通志卷一

興地志

　星野

周禮保章氏以星土辨九州之地所封之域皆有

分星國語謂歲之所在爲我周分野此星野之說

所由昉與安徽古隸揚州自斗至女爲星紀分屬

吳越而界於徐豫者則在降婁大火之次爲魯宋

　分至各宿躔次之不同二道距度之各異歷代占

　候言人人殊恭讀

御定儀象考成一書援古證今至爲詳核觀天文以察地

安徽通志　卷一　　興地志　星野　　一

畿輔通志三百卷卷首一卷

清光緒十年（1884）刻本
DC0070二十四夾板二百四十册

清李鴻章修，清張樹聲修，清黃彭年總纂。

李鴻章（1823—1901），本名章銅，字漸甫、子黻，號少荃，晚年自號儀叟，別號省心。安徽合肥人，官至直隸總督兼北洋通商大臣。諡文忠。張樹聲（1824—1884），字振軒，安徽合肥人，廩生出身，清末淮軍將領，官至兩廣總督、通商事務大臣。黃彭年（1824—1890），字子壽，號陶樓，晚號更生，貴州貴筑縣人。官至江蘇布政使。

書高30.1釐米，寬18.5釐米。版框高21.7釐米，寬16.4釐米。每半葉十二行，行二十五字。白口，單魚尾，四周雙邊。版心上方記"畿輔通志"，魚尾下記卷次，篇次及篇目，版心下方記葉次。

卷一首葉第一行題"畿輔通志卷一"，第二行起正文。

書首內封題"畿輔通志"，內封後牌記"光緒十年開雕/板藏古蓮華池"。夾板書籤、書衣書籤題"畿輔通志"。

書中鈐"大倉文化財團藏書"朱印。

畿輔通志卷一

帝制紀一

詔諭一

順治元年

登極

詔曰我國家受

天眷佑肇造東土

烈祖邁圖鴻緒

皇考彌廓前猷遂舉舊邦誕膺

新命迨朕嗣服雖在沖齡締念紹庭永綏厥位頃緣賊氛游熾極禍

明朝是用託重親賢救民塗炭乃方馳金鼓旋奏澄清旣解倒懸

非富天下而王公列辟文武羣臣曁軍民耆老合詞勸進懇切再

畿輔通志 卷一 帝制紀 詔諭一 一

光緒順天府志一百三十卷附録一卷

清光緒十至十二年（1884—1886）刻本

DC0071八函六十四册

清周家楣修，清張之洞纂，清繆荃孫纂。

周家楣（1835—1887），字小棠，一作筱堂。江蘇宜興人。官至禮、兵、户三部左右侍郎，左副都御史，吏部左侍郎。張之洞（1837—1909），字孝達，號香濤、香岩，又號壹公、無競居士，晚年自號抱冰。清代直隸南皮人。官至軍機大臣。繆荃孫（1844—1919），字炎之，又字筱珊，晚號藝風老人。江蘇江陰人。歷任翰林院編修、京師圖書館監督、清史館總纂等。

書高版30.5釐米，寬20釐米。版框高21.1釐米，寬15.8釐米。每半葉十二行，行二十五字，小字雙行，字數同。上下黑口，雙黑魚尾，四周單邊。上魚尾下記"順天府志"及卷次，下魚尾上記葉次。函套書籤、書衣書籤題"光緒順天府志"。

卷一首葉第一行頂格題"京師志一"，下空十四格題"光緒順天府志一"，第二行頂格題"城池"，下空十一格題"黄岡洪良品纂江陰繆荃孫覆輯"，第三行起正文。

書首内封題"光緒順天府志百卅卷"，封後牌記題"光緒甲申仲冬開雕丙戌季夏畢工"，光緒五年萬青藜、周家楣奏摺，光緒十一年畢道遠、周家楣奏摺，職名，光緒十一年李鴻章序，光緒十一年周家楣序，光緒十一年沈秉成序，目録。書末有光緒丙戌李棠林《順天府志》附録序。

書中鈐"大倉文化財團藏書"朱印。

京師志一　　　　　　　　　　　光緒順天府志

黃岡洪艮品纂江陰繆荃孫覆輯

城池

京師古冀州地左負遼海右引太行喜峯居庸擁後翼衛居高馭

重臨視乎六合天啓

聖清鷹圖建鼎此維與宅制沿明舊邦命維新翼翼巍巍億萬年

金湯之固矣溯遼金肇都猶沿唐藩鎮舊城元明以降規體增廓

今雖府治實爲

帝都爰述

建繕所由綴於簡端遼金元明亦附考焉志城池

京城周四十里爲門九南爲正陽門南之東爲崇文門南之西爲

宣武門東之南爲朝陽門東之北爲東直門西之南爲阜成門西

之北爲西直門北之東爲安定門北之西爲德勝門自元至元四

山西通志一百八十四卷卷首一卷

清光緒十八年（1892）刻本

DC0516十二夾板九十六册

清張煦修。

張煦（1822—1895），字藹如、南坡，號南浦。甘肅寧夏府靈州人。咸豐三年進士。官至山西巡撫。

書高26.7釐米，寬16.3釐米。版框高19.7釐米，寬14.8釐米。每半葉十二行，行二十三字。上下粗黑口，雙黑魚尾，左右雙邊。上魚尾下方記"山西通志"及卷次，又下方記類目；下魚尾上方記葉次。內封刻"山西通志百八十四卷"，牌記鎸"光緒十有八年歲在元黓執徐皋月鎸畢"。

卷一首葉第一行頂格題"疆域圖"，下空五格題"圖一"，下又空四格題"山西通志弟一"，第二、三行題"賜進士出身頭品頂戴兵部侍郎兼都察院右副都御史巡撫山西提督軍務臣張煦奉/旨監修"，第四行起正文。

書首有"山西通志纂修職官"、"山西通志序例"、"山西通志目録"。

卷首一卷《疆域圖》為朱墨套印。木夾板鎸"山西通志"，其下小字鎸函次、卷次。

書中鈐"大倉文化財團藏書"朱印。

疆域圖　　　　　　　圖一　　山西通志弟一

賜進士出身頭品頂戴兵部侍郎兼都察院右副都御史巡撫山西提督軍務臣張□□

旨監修

郡國之書志道其詳圖舉其要古圖罕傳獨晉裴氏秀唐賈
氏耽說僅存耳稷山有石本禹蹟言者因其計里析方猥
以鄉曲之私影附先達目爲司空遺墨陋矣然六體奧祕
昭代始復大顯瀹厥淵源終爲近古用推緒論以測全晉疆
域參以近人所刻諸圖寫登簡首別依賈氏朱墨法成圖五
十於郡縣因革山川形勢今制古蹟一一識別與書互證界
畫微茫閒關記注而周知所及一方典要已略備焉

皇朝疆域圖一　　分圖八　　山川關津分防營　　歷代疆域圖
二十六　　附圖十六　二史志山川七水經注山川
　　　　　　　　汛驛站蓬卡鹽池　　古蹟六明代邊關一

續雲南通志稿一百九十四卷首六卷

清光緒二十七年(1901)四川岳池刻本

DC0073十夾板九十七册

清王文韶修,清湯壽銘纂。

王文韶(1830—1908),字夔石,號耕娛、庚虞,又號退圃,浙江仁和人。官至政務大臣、武英殿大學士。湯壽銘,字小秋,湖南益陽人。官至蘇松太道。

書高29.7釐米,寬18釐米。版框高21.3釐米,寬15.5釐米。每半葉十三行,行二十三字。黑口,單黑魚尾,四周單邊。版心上魚尾下記書名"續雲南通志稿"及篇目,又下方記葉次。

卷一首葉第一行上題"續雲南通志稿",下空數格題"卷一",第二行起正文。

內封題"續雲南通志稾二百卷"。封面後牌記"光緒二十有七年/刊于四川岳池縣",後為職名,重校職名,引用書目,總目,《續雲南通志稿》目錄。

闕卷五十二至五十五、卷九十六至九十九,共三册。

書中鈐"大倉文化財團藏書"朱印。

續雲南通志稿

卷一

天文志

分野

周官左氏雖有星土歲在之文後鄭司農已言其書亡班書
分次或多或少不可通皆堪輿說非古數也且中國不盡地
球無緣分次專屬中國近世志書輒沿例置此門旣病缺略
徒滋膠葛阮志條件分析頗明贍仍之以貧談天文者辨證
焉

東井與鬼雍州按史記雍州不載郡國名尚有觜觿參益州
雲南本屬益州地似亦可以觜觿參分野然史記實原本星
經與漢書以下大略相同星經益州觜觿參爲魏分其分郡
爲河內陳留汝南說已誤而史記別無異論則自然以井鬼
分滇其誤與漢書等同詳後二十八舍主十二州斗秉兼之

一

水經四十卷

明萬曆乙酉(十三年,1585)新安吳氏刻本

DC0078八册

漢桑欽撰,後魏酈道元注。

桑欽,生卒字號不詳,漢代人,從平陵人塗惲受《毛詩》,精通《古文尚書》。

酈道元(約470—527),字善長。范陽涿州人。官至御史中尉。

書高26.7釐米,寬16.8釐米。版框高20.7釐米,寬13.9釐米。每半葉十行,行二十字。白口,單魚尾,左右雙邊。版心上方記書名"水經",魚尾下記卷次,版心下方記葉次。

卷一首葉第一行題"水經第一",第二行題"漢桑欽撰",第三行題"後魏酈道元注",第四行題"明吳琯校",第五行起正文。

書首有萬曆乙酉王世懋"重刻水經序",方沆"合刻山海經水經序",嘉靖甲午黄省曾"刻水經序","水經目録"。

書中鈐"磊山張氏藏書"、"潁川陳氏珍藏"、"大倉文化財團藏書"朱印。

水經第一

漢　桑　欽　撰

後魏酈道元注

明　吳　琯　校

河水一

崑崙墟在西北

三成爲崑崙丘崑崙說曰崑崙之山三級下曰樊

桐一名板松二曰玄圃一名閬風上曰增城一名

天庭是謂太帝之居

去嵩高五萬里地之中也

水經

卷之一

水經注四十卷首一卷

清乾隆三十九年（1774）武英殿聚珍本

DC0079二函十六册

後魏酈道元撰。

書高27.2釐米，寬16.8釐米。版框高19.3釐米，寬12.6釐米。每半葉九行，行二十一字。白口，單黑魚尾，四周雙邊。魚尾上方記"水經注"，魚尾下記卷次及葉次，版心下方背面記校者。

卷一首葉第一行題"水經注卷一"，第二行題"後魏酈道元撰"，第三行起正文。

書首有乾隆甲午仲夏"御製題武英殿聚珍版十韻有序"，"御製題酈道元水經注六韻有序"，卷首為"御製熱河攷"，《水經注》目録，目録首葉題名下印"武英殿聚珍版"，目録後有乾隆三十九年紀昀等校上案語，"酈道元水經注原序"。

書中鈐"字尌侯號毅堂一號午莊"、"張之屏印"、"大倉文化財團藏書"朱印。

水經注卷一

後魏 酈道元 撰

河水 案二字原本誤連經文今改正近刻河水下有一二等字乃明人臆加今刪去

崑崙墟在西北

三成為崑崙丘崑崙說曰崑崙之山三級下曰樊桐一名板桐 案桐近刻訛作松 二曰玄圃一名閬風上曰層城 案層近刻作增 一名天庭是為太帝之居

去嵩高五萬里地之中也

禹本紀與此同高誘稱河出崑山伏流地中萬三千

畿輔安瀾志五十六卷

清嘉慶武英殿聚珍本
DC0092二十四冊

清王履泰纂。

王履泰，山西省絳縣人。乾隆間官奉承元卿，後因兩淮鹽案
被罷。

書高27.9釐米，寬17釐米。版框高17.8釐米，寬12.8釐米。每
半葉八行，行二十字，小字雙行，字數同。白口，單黑魚尾，四周雙
邊。魚尾上方記"畿輔安瀾志"，魚尾下記細目、卷次及葉次。

卷一首葉第一行題"畿輔安瀾志"，第二行題"臣王履泰恭
纂"，第三行起正文。

書首有乾隆甲午"御製題武英殿聚珍版十韻有序"，王履泰
"畿輔安瀾志凡例"，"畿輔安瀾志篇目"。

書中鈐"大倉文化財團藏書"朱印。

畿輔安瀾志

臣王履泰恭纂

永定河卷一

原委

永定河舊名盧溝河卽桑乾下流也亦曰渾河一作

南桑乾河非也水流無定衝決為患康熙三十七年

賜名永定河

〔酈道元水經注〕灑水又東北流左會桑乾水卽灑

畿輔安瀾志 〔永定河卷一〕 二

增刊石鐘山集九卷卷末附湖口縣八景一卷

明正德十三年（1518）刻本

DC0362一册

明王恕撰，明王元佐增。

王恕，字尚忠，湖口人，景泰甲戌進士，官至廣東布政司參議。王元佐，湖口人。以文林郎知漢川縣事。

書高25釐米，寬15.3釐米。版框高20.2釐米，寬12.4釐米。每半葉十行，行二十一字。上中黑口，下連魚尾，四周雙邊。上黑口下記卷次，中黑口下記葉次。

卷一首葉第一行題"增刊石鐘山集卷之一"，第二行起正文。

書首有成化七年商輅"石鐘山集序"，正德十三年汪本"石鐘山續集序"，正德十三年王元佐"石鐘山續集引"，石鐘山圖，《增刊石鐘山集》目錄，《增刊石鐘山集》錄後士夫題咏并拾前遺名氏。書末有成化十年王恕"跋石鐘山後集"，成化壬辰胡榮"重刊石鐘山後序"，成化十年黃瑜"跋石鐘山集"。

書中鈐"鄒一桂印"、"鴻城蔣懷堂珍藏"、"袁又愷藏書"、"拳石山房"、"曾在東吳袁壽階處"、"大倉文化財團藏書"朱印。

案語：查《中國古籍善本書目》，此本僅福建圖書館有藏。

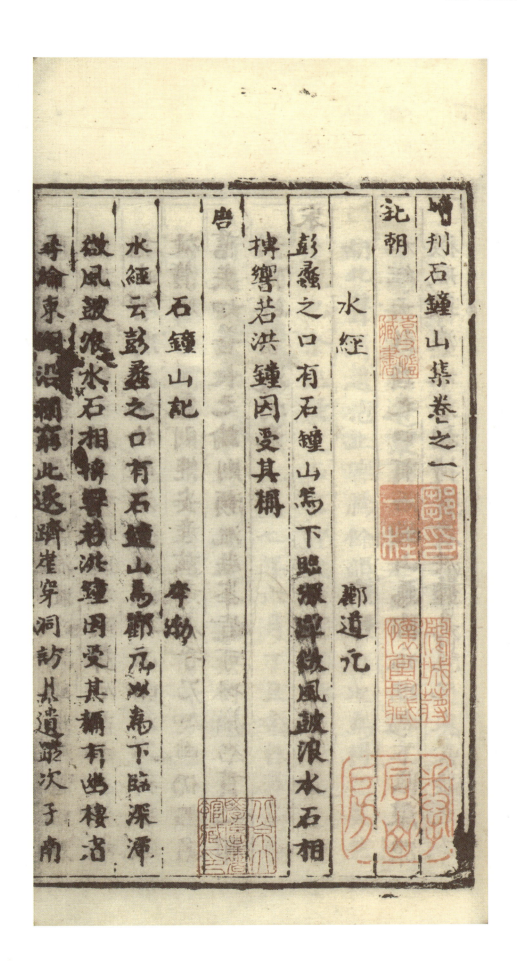

增刊石鍾山集卷之一

訖朝

水經　　　　　鄘道元

彭蠡之口有石鍾山焉下臨深潭微風鼓浪水石相

搏響若洪鍾因受其稱

曾

　石鍾山記　　牟融

水經云彭蠡之口有石鍾山鄘瓜洲燾下臨深潭

微風鼓浪水石相搏響若洪鍾因受其稱有幽棲洞

尋嶺東巡沿湖圳幕此遊躋崖穿洞訪其遺跡次于南

西湖志四十八卷

清雍正十三年（1735）兩浙鹽驛道刻本
DC0521四函二十冊

清李衛等修。

李衛（1687—1738），字又玠，諡敏達。江南銅山人，歷任浙江總督、直隸總督等職。

書高26.6釐米，寬17.7釐米。版框高19.9釐米，寬14.4釐米。每半葉九行，行二十一字，小字雙行，字數同。白口，單黑魚尾，四周雙邊。版心上方記"西湖志"，魚尾下記卷次、類目，版心下方記葉次。內封鐫"雍正九年新纂／西湖志／兩浙鹽驛道庫藏板"。

卷一首葉第一行題"西湖志卷之一"，第二行起正文。

書首有雍正十二年李衛"西湖志序"，雍正甲寅程元章"西湖志序"，雍正十三年郝玉麟"西湖志序"，雍正十三年李燦"西湖志序"，王紘"西湖志序"，張若震"西湖志序"，雍正乙卯吳進義"西湖志序"，雍正乙卯顧濟美"西湖志序"，"西湖志纂修職名"，"西湖志凡例"，"西湖志總目"。書末有雍正十二年傅王露"西湖志後序"。

書中鈐"嵩壽之印"、"遜志齋珍藏"、"大倉文化財團藏書"朱印。

西湖志卷之一

水利一

西湖源出武林泉滙南北諸山之水而注於上下

兩塘之河其流甚長其利斯溥唐宋以來屢經濬

治而興廢不常

盛朝特重水利首及東南疏鑿之功爲前古未有恭紀

聖恩垂利萬世而歷代開濬始末悉詳著於篇志水利

西湖古稱明聖湖漢時有金牛見湖人言明聖之瑞

因名又以其在錢塘故稱錢塘湖又以其輸委於

盤山志十六卷首五卷

清乾隆二十年(1755)武英殿刻本

DC0522一函十册

清蔣溥等纂修。

蔣溥(1708—1761),字質甫,號恒軒,江蘇常熟人。雍正八年進士,官至東閣大學士兼戶部尚書。

書高28.2釐米,寬18.1釐米。版框高19.2釐米,寬13.8釐米。每半葉九行,行二十一字。白口,單黑魚尾,四周雙邊。魚尾上方記"盤山志",下記卷次,版心下方記葉次。

卷一首葉第一行題"盤山志卷之一",第二行起正文。

書首有乾隆二十年"盤山志序",乾隆十九年"表","盤山志目錄","凡例"。

書中鈐"星橋景霖"、"拜經館"、"大倉文化財團藏書"朱印。

盤山志卷之一

圖考

周官職方氏大司徒掌土訓之地圖天下險要阨
塞具焉後世工畫者遲遲模寫山水及宮宇之制
非僅備觀覽而已將以辨脈絡正方位也盤山舊
有圖舉大勢於尺幅簡率已甚今茲繪事有總有

分以

行宮為標準而內外諸景暨峰巒寺觀之著名者以
次布列復為說以考證之清華水木造物閟此奧

雍録十卷

明萬曆吳琯刻《古今逸史》本
DC0075五冊

宋程大昌撰。

程大昌（1123—1195），字泰之，徽州休寧人。官至國子司業兼權禮部侍郎、直學士院。

書高26.2釐米，寬16.4釐米。版框高20釐米，寬13.6釐米。每半葉十行，行二十字，小字雙行，字數同。白口，單魚尾，左右雙邊。版心上方記"雍録"及卷次，版心下方記葉次。

卷一首葉第一行題"雍録卷第一"，第二行題"宋新安程大昌著"，第三行題"明新安吳琯校"，第四行起正文。

書中鈐"笏齋"、"大倉文化財團藏書"朱印。

雍錄卷第一

宋新安程大昌　著

明新安吳　珏　校

五代都雍總圖

終南山

渭

西

雍秦德公

慶不突

岐周太王

邠公劉

犬丘非子

咸陽秦

平陽

邰稷

漢鄠縣

豐文王

鎬武王

未央宮漢

長安城漢

雍録十卷

清同治光緒間鈔本
DC0076四冊

宋程大昌撰。

書高28.2釐米，寬17.2釐米。每半葉十行，行二十一字。版心上方記 "雍録" 及卷次，版心下方記葉次。清諱避至 "淳" 字。

卷一首葉第一行題 "雍録卷第一"，第二行題 "新安程大昌泰之"，第三行起正文。卷三至四、卷七至八、卷十首葉第三行題 "錫山安國民泰校刊"。

書首抄録《四庫全書總目》提要，嘉靖辛卯康海 "雍録序"。書末有嘉靖十一年李經 "雍録序"。

書根題 "雍録" 及冊次，首冊書根題 "鈔文淵閣本"。

書中鈐 "大倉文化財團藏書" 朱印。

案語：據《文淵閣四庫全書》本鈔録。

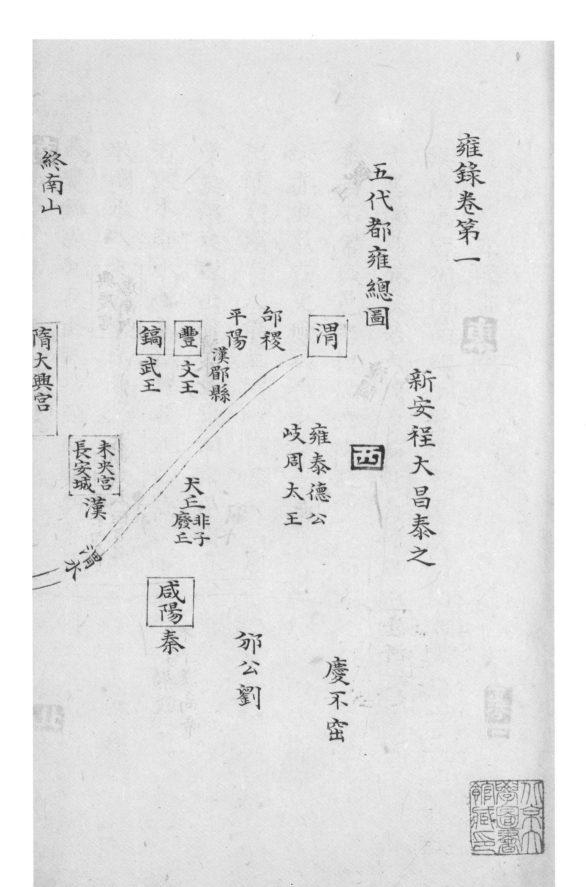

雍錄卷第一

五代都雍總圖

新安程大昌泰之

終南山

隋大興宮

渭

西

邠稷
平陽
漢鄠縣

豐 文王

鎬 武王

未央宮
長安城 漢

雍 秦德公

岐周 太王

天王廢正 非子

咸陽 秦

邠公劉

慶不窋

閩中考一卷

清鈔本

DC0077一函一册

明陳鳴鶴撰輯。

陳鳴鶴,字汝翔,侯官人,明末天啟、崇禎間諸生。《福建通志》稱其早棄舉業,與徐熥兄弟共攻聲律。

書高26.9釐米,寬16.6釐米。版框高26.9釐米,寬16.5釐米。每半葉九行,行二十字。版心上方記"閩中考"及"卷全",版心下方記葉次。

卷一首葉第一行題"閩中考",第二行題"郡人陳鳴鶴汝翔撰輯",第三行題"徐熥興公編定",第四行題"曹學佺能始參訂",第五行題"李畿維邦校正",第六行起正文。

書中鈐"小山堂書畫印"、"蘭林"、"玉墀"、"畿輔譚氏藏書印"、"篤生經眼"、"翰林院印"(滿漢文)、"大倉文化財團藏書"朱印。原書衣鈐"乾隆三十八年十一月浙江巡撫三寶送到吳玉墀家藏閩中考壹部計書壹本"朱戳記。

案語:《四庫全書總目》卷七十七"史部三十三·地理類·存目六"著錄此書有浙江吳玉墀家藏本。

閩中考

郡人陳鳴鶴汝翔撰輯

徐熥興公編定

曹學佺能始恭訂

李㦲維邦校正

鳴鶴閩中鄉人耳雅欲知其鄉之事每一丘一壑
必窮探其往昔厭以余所聞於黃鬠而質之郡乘
其文不少概見蓋起信者十半矣於是遍索之稗
史祕牒最後得唐閩中記于長樂農家得宋三山

閩中考　卷一

揚州畫舫録十八卷

清乾隆乙卯（六十年，1795）自然盦刻同治十一年（1872）方濬頤修補後印本
DC0519一函四册

清李斗著。

李斗（？—1817），字北有，號艾塘（一作艾堂），江蘇儀徵人。諸生。

書高26釐米，寬15.3釐米。版框高16.6釐米，寬11.7釐米。每半葉十行，行二十四字。白口，單黑魚尾，左右雙邊。魚尾上方記"畫舫録"，下記卷次，版心下方記葉次。內封刻"乾隆乙卯年鐫/揚州畫舫録/自然盦藏板"。

卷一首葉第一行題"揚州畫舫録卷一"，第二行題"儀徵李斗著"，第三行起正文。

書首有乾隆五十八年袁枚"揚州畫舫録序"，同治十一年方濬頤"揚州畫舫録後序"，謝溶生序，目録，"揚州畫舫録題詞"，圖。書末有道光十四年、道光十九年"揚州畫舫録二跋"。

書中鈐"大倉文化財團藏書"朱印。

揚州畫舫錄卷一

儀徵 李斗 著

草河錄上

揚州御道自北橋始乾隆辛未丁丑壬午乙酉庚子甲辰

上六巡江浙江南總督恭紀典章泐之成書謹名 南巡盛典

內載嚮導統領努三兆惠奏自直隸敬登舟過淮安府 閱看

高郵東地南關車絡壩等處河道堤工瓏揚州平山堂渡揚子

江至金山三百七十七里分爲八站此江北地也又自崇家灣

三里腰舖九里竹林寺四里昭關壩七里邵伯鎮三里六閘二

里金灣壩一里金灣新滾壩一里西灣壩六里鳳皇橋七里壁

又一部

DC0520一函四册

書高26釐米，寬15.3釐米。版框高16.6釐米，寬11.7釐米。

揚州畫舫錄卷一

儀徵 李斗 著

卓河錄止

揚州御道自北橋始乾隆辛未丁丑壬午乙酉庚子甲辰

上六巡江浙江南總督恭紀典章泐之成書謹名 南巡盛典

丙載鬻導統領努三兆惠奏自直隸嚴登舟過淮安府 閱看

高郵東地南關車絡壩等處河道堤工攏揚州平山堂渡揚子

注至金山三百七十七里分爲八站此江北地也又自崇家灣

三里腰舖九里竹林寺四里昭關壩七里邵伯鎮三里六閘二

里入金灣壩一里金灣新滾壩一里西灣壩六里鳳皇橋七里壁

蜀景匯覽十四卷

清光緒八年（1882）樂道齋刻本

DC0517十冊

清鍾登甲編校。

鍾登甲，生卒年不詳，字宴林，清末廣漢人。

書高19.5釐米，寬12.9釐米。版框高14釐米，寬10.6釐米。每半葉十行，行二十字，小字雙行，字數同。白口，雙黑魚尾，四周雙邊。版心上方記"蜀景匯覽"，上魚尾下記卷次，下魚尾上記葉次，下方記府名。

卷一首葉第一行題"蜀景匯覽卷一上成都府屬"，第二行題"廣漢鍾登甲宴林編校"，第三行起正文。

書首有光緒壬午序，例言。各卷首附沿革。

書中鈐"大倉文化財團藏書"朱印。

蜀景匯覽卷一上成都府屬

廣漢鍾登甲

成都縣

三月三日登學射山　　　宋田況

麗日照芳春辰辰重元巳陽濱修祓除華林程射技
所向或不同從俗亦足喜門外盛車徒山半列鄽市
彩堋飛鏑遠醉席歌聲起回頭望城郭煙霞相表裏
秀色滿郊原遙影落川浹目倦意猶遠思餘情未巳
登高貴能賦感物暢幽旨宜哉賢大夫由斯見春美
題注宇記學射山一名斛石山在縣北十五里李成都府
　學射山在成都縣北十八里又名威鳳山寰

蜀景匯覽　　　卷一上　　一

足利學校見聞記一卷

民國乙丑(十四年, 1925)中華書局鉛印本

DC0919一册

日本廣瀨旭莊撰。

廣瀨旭莊(1807—1863),名謙,幼名謙吉,字吉甫,號旭莊,晚年號梅墩、秋村。

書高16.5釐米,寬9.7釐米。版框高10釐米,寬6.8釐米。每半葉八行,行十七字,小字雙行,字數同。上下黑口,單白魚尾,左右雙邊。魚尾下方記 "足記",又下記葉次。書內封題 "足利學/校見聞/記",內封背面書牌印 "乙丑歲初夏上海/中華書局仿宋巾/箱本印行三百册/東京宋雲堂發行"。

卷端首行題 "足利學校見聞記",第二行題 "旭莊廣瀨建撰",第三行起正文。

卷後有大正十二年倉石武跋,甲子倉石武又識。

入學校
門

日間瑣
事備忘
卷十志
天保十九
四年

足利學校見聞記

旭莊廣瀨

九月十八日

弘原導入善德禪寺一敬孫吉在焉少間弘

原右馬太郡龍太郎先之學校龍太郎返迎

余出寺西行過街一丁右折入學校門天保

二年學校燬中庭生草入寺謁太嶺和尚太

嶺向任學校主職本年老而樵嶺嗣太嶺出

宋宰輔編年録二十卷

明萬曆四十六年（1618）呂邦耀刻本

DC0080四函二十四册

宋徐自明撰。

徐自明（?—1220），字誠甫，號愒堂，永嘉人。宋淳熙五年
（1178）進士，任富陽縣主簿。

書高27.3釐米，寬16.7釐米。版框高19.8釐米，寬13.8釐米。
每半葉十行，行二十字，小字雙行，字數同。白口，單黑魚尾，四周
單邊。魚尾上方記"編年録"，魚尾下記卷次及葉次，版心下方間
記刻工及字數。

卷一首葉第一行題"宋宰輔編年録卷之一"，第二行題"宋太
常博士徐自明著"，第三行起正文。

書首有萬曆戊午陳邦瞻"重刻宋宰輔編年録序"，萬曆戊
午馮盛明"宋宰輔編年録序"，萬曆戊午呂邦耀"宋宰輔編年録
序"，呂邦耀又序，孟習孔"宋宰輔編年録序"，王惟儉"宋宰輔編
年録序"，朱勤美"跋宋宰輔編年録"，寶祐丁巳陸德輿等舊序，
《宋宰輔編年録》目録。

書中鈐"大倉文化財團藏書"朱印。

宋宰輔編年錄卷之一

宋太常博士徐自明著

太祖建隆元年 庚申

二月巳亥周宰相范質司徒加兼侍中 自守司徒兼
門下平章事昭文館大學士叅知樞密院
事依前守司徒加兼侍中
中書門下平章事
事依前守司徒加兼侍中

王溥加司空 自尚書右
僕射兼門下侍郎同中書門
下平章事監脩國史叅知
樞密院事加
守司空兼門下
侍郎同平章事

魏仁浦加尚書右僕射 自樞密使行中書侍郎同中
書門下平章事集賢殿大學
士依前樞密使加尚書右僕射兼中書侍郎同
平章事

國朝沿唐故事以太尉司徒司空爲三公以尚
書令侍中中書令爲三省長官以同中書門下

欽定歷代職官表七十二卷首一卷

清乾隆武英殿刻本

DC0523四函三十六冊

   清永瑢奉敕修纂。

   書高27.8釐米，寬17.4釐米。版框高21.2釐米，寬15.1釐米。
每半葉八行，行二十一字。白口，單黑魚尾，四周雙邊。版心上方記
"欽定歷代職官表"，魚尾下記卷次，又下方記類目，版心下方記葉次。

   卷首葉第一行題"欽定歷代職官表卷一"，第二行起正文。

   書中鈐"大倉文化財團藏書"朱印。

欽定歷代職官表卷一

宗人府表

宗	令	左	右	宗	正
宗學

茛秦漢後漢三國晉宋齊梁陳北魏齊後周隋唐五代宋遼金元明

小宗伯宗正　宗伯　宗正卿　宗正卿　宗正卿　宗正卿宗正卿宗正卿宗師中宗正卿宗正寺宗正卿宗正寺卿宗正寺宗正寺大卿大宗正五大宗正宗人令

大夫

卿

宗

宗　　司知大　太宗正　太宗正　太宗正

宗　　司知大　　　　判教　知哩　　呷義

大宗正知特哩同判大　　宗正事呼齊

大宗正同知兼司事宗事　　　宗正事呼齊

太宗正

左右宗

正

通典二百卷

明嘉靖刻本

DC0082六函五十册

唐杜佑纂。

杜佑（735—812），字君卿，京兆萬年人。官檢校左仆射，同平章事，兼徐、濠、泗节度使。

書高27釐米，寬17.2釐米。版框高21.7釐米，寬15.2釐米。每半葉十行，行二十三字，小字雙行，字數同。白口，雙黑魚尾，四周雙邊。版心上魚尾上方記類目，下記"通典"及卷次，下魚尾下記葉次及刻工。

卷一首葉第一行題"通典卷第一"，第二行題"唐京兆杜佑君卿"，第三行起正文。

書首有唐李翰"通典序"，通典目録。

書中鈐"通達司印"、"沈似蘭"、"敬齋"、"大倉文化財團藏書"朱印。

通典卷第一　　唐京兆杜佑君卿

佑少嘗讀書而性且蒙固不達術數之藝不好章句之學所

纂通典實采群言徵諸人事將施有政夫理道之先在乎

教化教化之本在乎足衣食易稱聚人曰財洪範八政一曰

食二曰貨管子曰倉廩實知禮節衣食足知榮辱夫子曰既

富而教斯之謂也夫行教化在乎設職官設職官在乎審官

才審官才在乎精選舉制禮以端其俗立樂以和其心此先

哲王致治之大方也故職官設然後興禮樂焉教化隳然後

用刑罰焉列州郡俾分領焉置邊防遏戎狄焉是以食貨為

通典二百卷

清乾隆十二年（1747）武英殿刻本

DC0524四夾板三十六册

唐杜佑纂。

書高29.4釐米，寬17.9釐米。版框高22.2釐米，寬15.6釐米。每半葉十行，行二十一字，小字雙行，字數同。白口，單黑魚尾，左右雙邊。版心上題"乾隆十二年校刊"，魚尾下記"通典"及卷次、類目，版心下記葉次。

卷一首葉第一行題"通典卷第一"，第二行題"唐京兆杜佑君卿纂"，第三行起正文。

書首有乾隆丁卯"御製重刻通典序"，校刻通典諸臣職名，唐李翰"通典原序"，通典總目。

書中鈐"福州冠悔堂楊氏圖書"、"閩楊浚雪滄冠悔堂藏本"、"侯官劉筠川藏書印"、"侯官劉永松印"、"大倉文化財團藏書"朱印。

通典卷第一

唐　京兆　杜佑　君卿　纂

佑少嘗讀書而性且蒙固不達術數之藝不好章句之
學所纂通典實采羣言徵諸人事將施有政夫理道之
先在乎行教化教化之本在乎足衣食易稱聚人曰財
洪範八政一曰食二曰貨管子曰倉廩實知禮節衣食
足知榮辱夫子曰旣富而教斯之謂矣夫行教化在乎
設職官設職官在乎審官才審官才在乎精選舉制禮
以端其俗立樂以和其心此先哲王致治之大方也故
職官設然後與禮樂焉教化隳然後用刑罰焉列州郡

唐會要一百卷

清乾隆武英殿聚珍本
DC0085二十四册

宋王溥撰。

王溥（922—982），字齊物，并州祁人。後漢乾祐元年狀元，官至司空兼門下侍郎、同平章事。封祁國公。初諡文獻，後改諡文康。

書高28.9釐米，寬16.6釐米。版框高19.3釐米，寬12.7釐米。每半葉九行，行二十一字，小字雙行，字數同。白口，單黑魚尾，四周雙邊。魚尾上記"唐會要"，魚尾下記卷次及葉次。

卷一首葉第一行題"唐會要卷一"，第二行題"宋王溥撰"，第三行起正文。

書首有乾隆甲午"御製題武英殿聚珍版十韻有序"，《唐會要》"提要"，"唐會要題辭"，"唐會要目録"。提要卷端下印"武英殿聚珍版"。

書中鈐"大倉文化財團藏書"朱印。

唐會要卷一

宋 王溥 撰

帝號上

獻祖宣皇帝諱熙〔凉武昭王暠曾孫嗣凉王歆孫宏農太守重耳之子也〕武德元

年六月二十二日追尊為宣簡公咸亨五年八月十五

日追尊宣皇帝廟號獻祖葬建初陵〔在趙州昭慶縣界〕儀鳳二年五月一

年七月十八日詔改為建初陵〔日追封為建昌陵〕開元二十八

懿祖光皇帝諱天賜〔宣皇帝長子〕武德元年六月二十二

日追尊光皇帝廟號懿

追尊懿王咸亨五年八月十五日追尊光皇帝廟號懿

唐會要一百卷

清光緒甲申（十年，1884）江蘇書局刻本
DC0533二十四冊

宋王溥撰。

書高29釐米，寬17.2釐米。版框高18.2釐米，寬12.7釐米。每半葉九行，行二十一字，小字雙行，字數同。白口，單黑魚尾，四周雙邊。魚尾上方記"唐會要"，魚尾下記卷次，又下方記葉次。内封題"唐會要"，内封背面牌記刻"光緒甲申江蘇書局開雕"。

卷一首葉第一行題"唐會要卷一"，第二行題"宋王溥撰"，第三行起正文。

書首有乾隆甲午"御製題武英殿聚珍版十韻有序"，《唐會要》"提要"，"唐會要題辭"，"唐會要目録"。

書中鈐"大倉文化財團藏書"朱印。

唐會要卷一

宋　王溥　撰

帝號上

獻祖宣皇帝諱熙涼武昭王暠曾孫嗣涼王歆
孫宏農太守重耳之子也武德元
年六月二十二日追尊爲宣簡公咸亨五年八月十五
日追尊宣皇帝廟號獻祖葬建初陵在趙州昭慶縣界
日追封爲建昌陵開元二十八儀鳳二年五月一
年七月十八日詔改爲建初陵

懿祖光皇帝諱天賜宣皇帝長子
武德元年六月二十二日
追尊懿王咸亨五年八月十五日追尊光皇帝廟號懿

又一部

DC0534四函二十四册

書高28.8釐米，寬17.4釐米。版框高18.3釐米，寬12.7釐米。
書中鈐“大倉文化財團藏書”朱印。

唐會要卷一

宋　王　溥　撰

帝號上

獻祖宣皇帝諱熙涼武昭王暠曾孫嗣涼王歆
孫宏農太守重耳之子也武德元
年六月二十二日追尊爲宣簡公咸亨五年八月十五
日追尊宣皇帝廟號獻祖葬建初陵在趙州昭慶縣界
儀鳳二年五月一
日追封爲建昌陵開元二十八
年七月十八日詔改爲建初陵
懿祖光皇帝諱天賜宣皇帝長子
武德元年六月二十二日
追尊懿王咸亨五年八月十五日追尊光皇帝廟號懿

唐會要　　卷一　　　　一

五代會要三十卷

清乾隆武英殿聚珍本

DC0086一夾板六册

宋王溥撰。

書高27.5釐米,寬17.5釐米。版框高19.3釐米,寬12.7釐米。每半葉九行,行二十一字,小字雙行,字數同。白口,單黑魚尾,四周雙邊。魚尾上方記"五代會要",魚尾下方記卷次及葉次。

卷一首葉第一行題"唐會要卷一",第二行題"宋王溥撰",第三行起正文。

書首有王復"後序",乾隆甲午"御製題武英殿聚珍版十韻有序","五代會要提要","五代會要目録"。提要卷端下題"武英殿聚珍版"。

封面墨筆題"五代會要",署"李珣琛",鈐"□□館小鈐"朱印。書中鈐"大倉文化財團藏書"朱印。

五代會要卷一

宋　王溥　撰

帝號

梁太祖神武元聖孝皇帝姓朱氏諱晃 追冊文穆皇帝第三子母曰文

惠皇后王氏

唐大中六年十月二十一日生於單州碭山縣

以其日爲天復元年正月封梁王天祐二年十一月加

大明節

相國總百揆改封魏王備九錫四年四月十八日受唐

禪即位於東都金祥殿改名晃年五十六創名全忠梁開平

三年正月上尊號曰睿文聖武廣孝皇帝乾化二年六

五代會要三十卷

清光緒丙戌（十二年，1886）江蘇書局刻本
DC0535六册

宋王溥撰。

書高29.1釐米，寬17.1釐米。版框高19.9釐米，寬14.1釐米。每半葉九行，行二十一字，小字雙行，字數同。白口，單黑魚尾，四周雙邊。魚尾上方記"五代會要"，魚尾下記卷次，又下方記葉次。內封題"五代會要"，內封背面牌記"光緒丙戌江蘇書局開雕"。

卷一首葉第一行題"五代會要卷一"，第二行題"宋王溥撰"，第三行起正文。

書首有"欽定四庫全書五代會要提要"，"舊題"，"五代會要目錄"。

書中鈐"大倉文化財團藏書"朱印。

五代會要卷一

宋　王溥　撰

帝號

梁太祖神武元聖孝皇帝姓朱氏諱晃〔追冊文穆皇帝第三子母曰文〕惠皇后唐大中六年十月二十一日生於單州碭山縣〔王氏〕以其日為大明節天復元年正月封梁王天祐二年十一月加相國總百揆改封魏王備九錫四年四月十八日受唐禪卽位於東都金祥殿改名晃〔年五十六初名溫又賜名全忠〕梁開平三年正月上尊號曰睿文聖武廣孝皇帝乾化二年六

五代會要三十卷附校勘記一卷

清光緒二十一年（1895）刻本

DC0536一函六册

宋王溥撰。

書高23.1釐米，寬17.8釐米。版框高17.8釐米，寬12.8釐米。每半葉九行，行二十一字，小數雙行，字數同。白口，單黑魚尾，四周雙邊。魚尾上方記"五代會要"，魚尾下記卷次，又下方記葉次。內封題"五代會要"。

卷一首葉第一行題"五代會要卷一"，第二行題"宋王溥撰"，第三行起正文。

書首有"五代會要提要"，"五代會要目錄"。書末有校勘記後有光緒二十一年沈鎮、朱福泰識語，乾道七年施元之後跋。

書中鈐"大倉文化財團藏書"朱印。

五代會要卷一

宋　王溥　撰

帝號

梁太祖神武元聖孝皇帝姓朱氏諱晃〔追冊文穆皇帝第三子母曰文〕

惠皇后唐大中六年十月二十一日生於單州碭山縣

王氏以其日為

大明節

天復元年正月封梁王天祐二年十一月加

相國總百揆改封魏王備九錫四年四月十八日受唐

禪卽位於東都金祥殿改名晃〔年五十六初名溫又賜名全忠〕梁開平

三年正月上尊號曰睿文聖武廣孝皇帝乾化二年六

宋朝事實二十卷

清乾隆四十一年（1776）武英殿活字本
DC0087八冊

宋李攸撰。

李攸，字好德，南宋瀘州人。官至承議郎。

書高28.8釐米，寬16.9釐米。版框高19.3釐米，寬12.7釐米。每半葉九行，行二十一字，小字雙行，字數同。白口，單黑魚尾，四周雙邊。魚尾上方記"宋朝事實"，魚尾下方記卷次及葉次，版心下方背面記校者姓名。

卷一首葉第一行題"宋朝事實卷一"，第二行題"宋李攸撰"，第三行起正文。

書首有乾隆甲午"御製題武英殿聚珍版十韻有序"，"宋朝事實目錄"。目錄卷首首行下方題"武英殿聚珍版"，目錄後有乾隆四十一年陸錫熊等校上案語。

書中鈐"大倉文化財團藏書"朱印。

宋朝事實卷一

宋　李攸　撰

祖宗世次

僖祖諱朓[了切]

原註　土窯姚眺越窕

原註　月真宗謂宰相曰僖祖大中祥符五年七

廟諱本是上聲近見臣僚章疏多避去聲更令兩制詳

定晁迴等詞僖祖諱字從月從兆按說文曰晦而月見

西方也音土了切又從肉祭肉也土了切一作他凋切

今請止從平聲又眺目不正也他弗切音義各異望不

迴避奉聖旨依[案四]祖廟諱南宋以祧廟不避故淳

熙重修文書式不載釋文互注頗略亦然攸南宋人猶

載嫌名蓋以仕後唐歷永清文安幽都三縣令十二月

存故實耳

七日前葬欽陵[原註　幽州]建隆元年追尊文獻皇帝[案　元年原本誤]

建炎以來朝野雜記甲集二十卷乙集二十卷

清乾隆武英殿聚珍本

DC0088一函十册

宋李心傳撰。

李心傳（1166—1243），字微之，隆州井研人。官至工部侍郎。

書高27.8釐米，寬17.3釐米。版框高18.8釐米，寬12.5釐米。每半葉九行，行二十一字，小字雙行，字數同。白口，單黑魚尾，四周單邊，魚尾上方記 "建炎以來朝野雜記"，魚尾下記卷次及葉次。

卷一首葉第一行題 "建炎以來朝野雜記甲集卷一"，第二行題 "宋李心傳撰"，第三行起正文。

書首有 "建炎以來朝野雜記提要"，嘉泰二年李心傳 "建炎以來朝野雜記序"。提要卷端下題 "武英殿聚珍版"。

書中鈐 "大倉文化財團藏書" 朱印。

建炎以來朝野雜記甲集卷一

宋　李心傳　撰

高宗誕聖　上德宗室附　后妃王主附

高宗受命中興全功至德聖神武文昭仁憲孝皇帝諱
構字德基徽宗第九子母曰韋太后大觀元年五月二
十夜生于宮中　天申節　以共日爲八月封蜀國公二年正月進
廣平郡王宣和三年十二月封康王靖康元年十一月
奉旨使河北金人軍前議和閏月至相州除河北兵馬

西漢會要七十卷

清乾隆武英殿聚珍本

DC0084八册

宋徐天麟撰。

徐天麟, 字仲祥, 臨江人。宋開禧元年進士, 官至廣西轉運判官。

書高28.8釐米, 寬16.6釐米。版框高19.4釐米, 寬12.7釐米。每半葉九行, 行二十一字, 小字雙行, 字數同。白口, 單黑魚尾, 四周双邊。魚尾上方記"西漢會要", 魚尾下記卷次及葉次。

卷一首葉第一行題"西漢會要卷一", 第二行題"宋徐天麟撰", 第三行起正文。

書首有《西漢會要》目録。

書中鈐"大倉文化財團藏書"朱印。

西漢會要卷一

　　　　　　宋　徐　天　麟　撰

帝系一

帝號

豐公太上皇父也春秋晉史蔡墨有言陶唐氏旣衰其

後有劉累學擾龍事孔甲范氏其後也而大夫范宣子

亦曰祖自虞以上為陶唐氏在夏為御龍氏在商為豕

韋氏在周為唐杜氏晉主夏盟為范氏范氏為晉士師

魯文公世奔秦後歸于晉其處者為劉氏劉向云戰國

西漢會要　卷一　　　二

東漢會要四十卷

清光緒甲申（十年，1884）江蘇書局刻本

DC0531八册

宋徐天麟撰。

書高28.9釐米，寬17.2釐米。版框高18釐米，寬12.6釐米。每半葉九行，行二十一字，小字雙行，字數同。白口，單黑魚尾，四周雙邊。魚尾上記 "東漢會要"，魚尾下記卷次，又下方記葉次。內封題 "東漢會要"，內封背面牌記題 "光緒甲申江蘇書局開雕"。

卷一首葉第一行題 "東漢會要卷一"，第二行題 "宋徐天麟撰"，第三行起正文。

書首有《東漢會要》"提要"，寶慶二年徐天麟序，寶慶二年徐天麟 "東漢會要進表"，"東漢會要目錄"。

書中鈐 "大倉文化財團藏書" 朱印。

東漢會要卷一

宋　徐天麟撰

帝系上

帝號

世祖光武皇帝諱秀字文叔南陽人高祖九世孫
也出自景帝生長沙定王發發生春陵節侯買買生鬱
林太守外外生鉅鹿都尉回回生南頓令欽欽生光武
王莽末起兵于宛更始元年兄伯升立劉聖公爲天子
伯升爲大司徒光武爲太常偏將軍破莽軍于昆陽更

又一部

DC0532一函八册

書高28.9釐米，寬17.6釐米。版框高18.2釐米，寬12.9釐米。
書中鈐 "大倉文化財團藏書" 朱印。

東漢會要卷一

帝系上

帝號

世祖光武皇帝諱秀字文叔南陽人高祖九世孫
也出自景帝生長沙定王發發生舂陵節侯買買生鬱
林太守外外生鉅鹿都尉回回生南頓令欽欽生光武
王莽末起兵于宛更始元年兄伯升立劉聖公爲天子
伯升爲大司徒光武爲太常偏將軍破莽軍于昆陽更

東漢會要 卷一 一

朱 徐天麟 撰

大元聖政國朝典章六十卷新集三卷

清光緒三十四年（1908）修訂法律館刻本

DC0089四函二十四冊

　　書高33.3釐米，寬20.5釐米。版框高19.1釐米，寬14.1釐米。每半葉十三行不等，行二十三字。單黑魚尾，左右雙邊。魚尾上方背面記字數，下方記"典章"及細目、卷次，又下記葉次。內封刻"重校元典章六十卷附新集二冊/曹廣權書首"，內封後鐫"光緒戊申夏修訂法律館以杭州丁氏藏本重校付梓"。《新集》三卷內封同。

　　目録首葉第一行題"大元圣政國朝典章綱目"。卷一首葉第一行題"詔令卷之一"，下空六格題"典章一"，第二行起正文。

　　書衣書籤印"重校元典章"。書首有庚申吳城識語，《典章》卷尾有光緒戊申沈家本跋。《新集》末有錢大昕跋，沈家本跋（內容同《典章》跋）。

　　書中鈐"大倉文化財團藏書"朱印。

詔令卷之一　　典章一

世祖聖德神功文武皇帝

皇帝登寶位詔　庚申年四月初六日欽奉詔旨節文朕惟祖宗
肇造區宇奄有四方武功曡興文治多闕五十餘年於此
矣蓋時有先後事有緩急天下大業非一聖一朝所能兼
備也先皇帝即位之初風飛雷厲將大有爲憂國愛民之
心雖切於已尊賢使能之道未得其人方董夔門之師遽
遺鼎湖之泣豈期餘恨竟弗克終肆予冲人渡江之後蓋
將深入焉乃聞國中重以僉軍之擾黎庶驚駭若不能一
朝居者予爲此懼驛騎馳歸目前之急雖紓境外之兵未
戢乃會羣議以集良規不意宗盟輒先推戴左右萬里名

欽定續通典一百五十卷

清刻本

DC0527八函六十四册

清嵇璜等纂。

嵇璜（1711—1794），字尚佐，晚號拙修，江蘇省無錫人。雍正八年進士，官至太子太保、工部尚書。諡文恭。

書高28.2釐米，寬17.8釐米。版框高20.3釐米，寬14.8釐米。每半葉九行，行二十一字。白口，單黑魚尾，四周雙邊。魚尾上方方記"欽定續通典"，下方記卷次，又下方記葉次。

卷一首葉第一行題"欽定續通典卷一"，第二行起正文。

書首有《欽定續通典》總目，後有乾隆四十八年紀昀等校上案語。

書中鈐"大倉文化財團藏書"朱印。

欽定續通典卷一

食貨

臣等謹按杜佑作食貨典以穀爲人之所仰地爲

穀之所之人爲君之所治三者相資於政尤切故

其述田制水利屯田所以經地鄉黨版籍戶口所

以料人而賦稅錢幣市權諸條則皆所以治穀也

第歷朝制度互有詳畧通典文字簡質不拘尺幅

其所敘述自隋以前率舉其大要而於唐制加詳

又其意嘗欲推而行之卓然近於可用故其序次

欽定續通志六百四十卷

清刻本

DC0529二十四函一百八十二册

清嵇璜等纂。

書高28.2釐米，寬17.9釐米。版框高19.8釐米，寬15釐米。每半葉九行，行二十一字。白口，單黑魚尾，四周雙邊。魚尾上方記“欽定續通志”，魚尾下方記卷次，又下方記葉次。

卷一首葉第一行題“欽定續通志卷一”，第二行起正文。

書首有武英殿修書處刊刻續三通諸臣職名，“編纂職名”，“欽定續通志凡例二十則”，“欽定續通志總目”。

書中鈐“大倉文化財團藏書”朱印。

欽定續通志卷一

唐紀一

臣等謹按自班固已後斷代爲史而會通之義不

著宋臣鄭樵作通志乃始搜纂綴輯上下數千載

綜其行事粲然成一家之言厥功偉矣顧以唐書

五代史爲本朝大臣所修不敢輕議故紀傳斷限

逮隋而止今　臣等奉

命續纂是書爰始有唐以迄於元君臣流別紀傳釐分

大率皆取裁於鄭氏然鄭氏論次本紀三皇已降

欽定續文獻通考二百五十卷

清刻本

DC0526十六函一百二十八冊

　　清嵇璜等纂。

　　書高28.2釐米，寬17.9釐米。版框高20.5釐米，寬15.1釐米。每半葉九行，行二十一字。白口，單黑魚尾，四周雙邊。魚尾上方記"欽定續文獻通考"，下方記卷次，又下方記葉次。

　　卷一首葉第一行題"欽定續文獻通考卷一"，第二行起正文。

　　書首有編纂職名，武英殿修書處刊刻續三通諸臣職名，"欽定續文獻通考凡例"，"欽定續文獻通考總目"。

　　書中鈐"大倉文化財團藏書"朱印。

欽定續文獻通考卷一

田賦考

臣等謹按宋馬端臨文獻通考田賦考載唐虞以

來至宋寧宗歷代田賦之制而附以水利田屯田

官田凡七卷明王圻作續考於馬氏原目外復增

入黃河三卷太湖三江一卷河渠三卷夫河瀆江

湖本以作地險通漕輸為大雖實有資於灌溉而

美利之在天下非特田賦已也王氏以其有關於

田賦遂別增名目凡經流之境通塞之故一切闌

皇朝通典一百卷

清刻本

DC0528六函四十八冊

清嵇璜等纂。

書高28.4釐米，寬17.9釐米。版框高21釐米，寬15.3釐米。每半葉九行，行二十一字。白口，單黑魚尾，四周雙邊。魚尾上方記"皇朝通典"，下方記卷次，又下方記葉次。

卷一首葉第一行題"皇朝通典卷一"，第二行起正文。

書首有編纂職名，武英殿修書處刊刻皇朝三通諸臣職名，"皇朝通典總目"，"皇朝通典凡例"。

書中鈐"臣和恭藏"、"賜本"、"大倉文化財團藏書"朱印。

皇朝通典卷一

食貨一

田制

臣等謹按田賦之制九等列於夏書九賦詳於周

禮誠以國本在農民天惟食我

國家首重農桑教民稼穡

定鼎之初分遣御史循視土田定正賦役全書除前明之

苛賦禁墨吏之浮徵履畝量徹田定賦其有無

主荒田則募民墾種視則升科遺之錢鑄之資授

皇朝通志一百二十六卷

清刻本

DC0530六函四十八册

清嵇璜等纂。

書高28.3釐米,寬18釐米。版框高20.7釐米,寬15.1釐米。每半葉九行,行二十一字。白口,單黑魚尾,四周雙邊。魚尾上方記"皇朝通志",下方記卷次,又下方記葉次。

卷一首葉第一行題"皇朝通志卷一",第二行起正文。

書首有編纂職名,武英殿修書處刊刻皇朝三通諸臣職名,"皇朝通志總目","皇朝通志凡例"。

書中鈐"大倉文化財團藏書"朱印。

皇朝通志卷一

氏族畧 一

臣等謹按鄭志氏族畧以三十二類敘得姓受氏
之原附以四聲綴以總論旁羅古今蒐辨且博雖
炫多聞而廣附會在所不免然伊古姓氏已備見
於此矣恭惟我

國家肇興東土受姓自

帝統既尊

天

皇朝通志

卷一

二

皇朝文獻通考三百卷

清刻本

DC0525二十函一百六十册

清嵇璜等纂。

書高28.2釐米，寬17.9釐米。版框高20.6釐米，寬15釐米。每半葉九行，行二十一字。白口，單黑魚尾，四周雙邊。魚尾上方題“皇朝文獻通考”，下方記卷次，又下方記葉次。

卷一首葉第一行記“皇朝文獻通考卷一”，第二行起正文。

書首有編纂職名，武英殿修書處刊刻皇朝三通諸臣職名，“皇朝文獻通考總目”，“皇朝文獻通考凡例”。

書中鈐“福州冠悔堂楊氏圖書”、“閩楊浚雪滄冠悔堂藏本”、“侯官劉筠川藏書印”、“侯官劉永松印”、“大倉文化財團藏書”朱印。

皇朝文獻通考卷一

田賦考一

　　臣等謹按周禮六官皆以體國經野著於卷端而

九賦之制首載於天官家宰誠以民惟邦本食為

民天度地以居民徹田而定賦因民之所利而利

之俾厚其生而安其業故上下通而公私有濟王

者代天子民未有不以民生國計為本務者馬端

臨文獻通考二十四門以田賦為首其所見者誠

大也今考其所載歷代田賦之制上溯陶唐迄於

太常因革禮一百卷

清道光咸豐間鈔本
DC0090一夾板五冊

宋歐陽修等奉敕編。

書高27.8釐米，寬17.5釐米。每半葉十一行，行二十二字。清諱避至"寧"字。

卷一首葉第一行題"太常因革禮卷第一"，第二至四行題"推忠協謀佐理功臣光祿大夫行尚書吏部侍郎參/知政事上柱國安樂郡開國公食邑三千三百戶食/實封八百戶臣歐陽脩等奉敕編"，第五行起正文。

書首有歐陽修等"太常因革禮序"，《太常因革禮》目錄。書末有淳熙十五年李燾跋，嘉慶二十五年顧千里跋。

闕卷五十一至卷六十七。

書中鈐"文瑞樓"、"埽葉山房"、"任城孫氏家藏"、"大倉文化財團藏書"朱印。

太常因革禮卷第一

推忠協謀佐理功臣光祿大夫行尚書吏部侍郎叅
知政事上柱國安樂郡開國公食邑三千三百戶食
實封八百戶臣歐陽脩等奉勅編

揔例一

擇日

神位上

擇日

通禮凡大祀中祀及大事並前七日卜日小祀及小事並
前五日筮日皆於太廟南門之外令儀皆廢國朝之制歲
之常祀有定日者無定日而擇日者司天監前一季具畫
日牒禮院禮院著詳無妨礙回牒本監本監牒尚書祠部

幸魯盛典四十卷

清康熙五十年（1711）刻本

DC0537一函十二冊

清孔毓圻等纂。

孔毓圻（1657—1723），字鐘在，又字翊宸，號蘭堂，山東曲阜人。孔子第六十七代嫡長孫。康熙六年襲封衍聖公。

書高27.3釐米，寬17.3釐米。版框高19.9釐米，寬14.1釐米。每半葉十行，行二十一字。白口，單黑魚尾，四周雙邊。魚尾上方記“幸魯盛典”，下方記卷次，又下方記葉次。

卷一首葉第一行題“幸魯盛典卷一”，第二行起正文。

書首有康熙二十八年御製序，凡例，纂修職名，康熙五十年孔毓圻進表。

書中鈐“大倉文化財團藏書”朱印。

幸魯盛典卷一

御製

　至聖先師孔子廟碑

朕惟道原於天弘之者聖自庖犧氏觀圖畫象闡乾坤
之秘堯舜理析危微厥中允執禹親受其傳湯與文武
周公遞承其統靡不奉若天道建極綏猷復乎尚矣孔
子生周之季章布以老非若伏羲堯舜之聖焉而帝禹
湯文武之聖焉而王周公之聖焉而相也歸然以師道
作則與及門賢哲紹明絕業教思所及陶成萬世伏羲
堯舜禹湯文武周公之統惟孔子繼續而光大之矣間

南巡盛典一百二十卷

清乾隆四庫館寫《文津閣四庫全書》本
DC0539二夾板四十二冊

清高晉等纂輯。

高晉（1707—1778），字昭德，高佳氏，滿洲鑲黄旗，官至文華殿大學士兼吏部尚書、漕運總督。

書高31.2釐米，寬19.6釐米。版框高22.3釐米，寬15.7釐米。朱絲欄。每半葉八行，行十九字。白口，單朱魚尾，四周雙邊。魚尾上方記"欽定四庫全書"，下方記"南巡盛典"，又下方記葉次。書衣書籤題"欽定四庫全書"，下小字書"史部/南巡盛典卷某至某"。紅綾包背裝。

卷一首葉第一行題"欽定四庫全書"，第二行題"南巡盛典卷一"，第三行起正文。

書首有乾隆辛卯"御製南巡盛典序"，乾隆三十一年高晉奏摺，高晉奏表，乾隆三十三年傅恒奏摺，乾隆三十三年熊學鵬奏摺，高晉等表，"南巡盛典凡例"，"纂輯職名"，"南巡盛典目錄"。書衣背面右下角貼黄籤墨書詳校官職名。書末襯葉右下角墨書總校官職名、校對官職名、謄錄職名。

首冊書內夾有墨書一紙。

各冊首葉鈐"文津閣寶"朱印，末葉鈐"避暑山莊"朱印。書中鈐"所寶惟賢"、"大倉文化財團藏書"朱印。

欽定四庫全書

南巡盛典卷一

恩綸

　臣聞書曰大哉王言記曰王言如絲其出如綸王
言如綸其出如綍蓋聖謨洋洋至治洽焉古帝王
發號施令必有大澤以副之也我
皇上廣運聖神亭育函夏恢纘

前光迺

欽定四庫全書

南巡盛典

一

皇朝禮器圖式十八卷目錄六卷

清乾隆刻本

DC0538二函十六册

清允祿纂，清福隆安續纂。

福隆安（1746—1784），字珊林，富察氏，滿洲鑲黄旗人。官至兵部、工部尚書，封一等忠勇公。

書高31.5釐米，寬19.4釐米。版框高20.4釐米，寬16.4釐米。无行欄。每半葉十一行，行二十字。白口，單黑魚尾，四周雙邊。魚尾上方題"皇朝禮器圖式"，下方記卷次、類目，又下方記葉次。

卷一首葉第一行題"皇朝禮器圖式"，第二行題"卷一"，第三行起正文。

書首有乾隆己卯御製序，允祿表，乾隆三十一年福隆安等進表、"職名"，"職名"，"皇朝禮器圖式總目"。

書衣左上墨笔書"皇朝禮器圖式"。

書中鈐"大倉文化財團藏書"朱印。

皇朝禮器圖式

卷一

祭器一

天壇

祈穀壇

地壇暨各壇祭器

唐律疏義三十卷圖二冊

清乾隆五十四年（1789）抱經堂寫校本

DC0091十冊

　　唐長孫無忌等撰。

　　長孫無忌（約597—659），字輔機，河南省洛陽人。官至太尉，同中書門下三品，淩煙閣二十四功臣之首，封趙國公。

　　書高28.5釐米，寬17.6釐米。版框高20.1釐米，寬13.5釐米。每半葉十行，行二十二字，小字雙行，字數同。白口，單黑魚尾，左右單邊。魚尾上方記 "唐律疏義"，下方記卷次，又下方記葉次。

　　卷一首葉第一行題 "唐律疏義卷第一"，第二行題 "太尉揚州都督監脩國史上柱國趙國公長孫無忌等撰"，第三行起正文。

　　書首有 "故唐律疏議總目錄"，永徽四年無忌等 "進律疏表"，《唐律疏義》目錄。

　　有朱、藍、黃等多色筆校注，卷三十末葉黃筆書 "乾隆五十四年二月二十八日寫校訖盧弓父記"，卷中又有庚戌抱經朱筆校記。

　　書中鈐 "江東羅氏所藏"、"大倉文化財團藏書" 朱印。

唐律疏義卷第一

太尉揚州都督監脩國史上柱國趙國公長孫無忌等撰

名例 凡七條

疏 夫三才肇位萬象斯分

三才解見前肇始也萬象萬物也左傳物生而後有象

有象而後有滋有滋然後有數

稟氣含靈人爲稱首

天以二氣五行化生萬物氣以成形人也得其秀而最

靈書太誓曰惟天地萬物父母惟人萬物之靈謂稟受

天地之氣而含虛靈者萬物之中惟人爲先

各省不符册

清末刑部刻本

DC0936 二十一册

　　書高27.9釐米，寬19釐米。板框高16.3釐米，寬15.6釐米。每半葉八行，行二十字。白口，單黑魚尾，版心魚尾上記"某某司"，魚尾下記葉數，版心下記"絞犯壹名"及姓名。紙撚裝。

　　書中貼籤條及批。

　　子目：

1.陝西省不符册

書衣題"陝西省不符册"，光緒二十三年秋審。

2.光緒二十四年各省不符册

光緒二十四年秋審。

3.四川省不符册

光緒二十三年秋審。

4.秋審條例

清乾隆至咸豐。

5.奉天省不符册

光緒十八年秋審。

6.四川省不符册

光緒二十五年秋審。

7.直隸省不符册

光緒二十四年秋審。

8.河南省不符册

光緒二十四年秋審。

9.直隸省不符册

光緒九年秋審。

10.直隸省不符册

書衣題"直隸省不符册"，光緒二十三年秋審。

11.奉天省不符册

書衣題"奉天省不符册"，光緒二十四年秋審。

12.湖廣省不符册

書衣題"湖廣省不符册"，光緒二十三年秋審。

13.山東省不符册

書衣題"山東省不符册"，光緒二十三年秋審。

14.四川省不符册

光緒二十四年秋審。卷首衍嘉慶九年刑部奉旨一葉。

15.熱河省不符册

書衣題"熱河省不符册"，光緒二十三年秋審。

16.奉天省不符册

書衣題"奉天省不符册"，光緒二十三年秋審。

17.山西省不符册

書衣題"山西省不符册"，光緒二十三年秋審。

18.江蘇省不符册

書衣題"江蘇省不符册"，光緒二十三年秋審。

19.雲南省不符册

書衣題"雲南省不符册"，光緒二十三年秋審。

20.廣西省不符册

書衣題"廣西省不符册"，光緒二十三年秋審。

21.廣東省不符册

書衣題"廣東省不符册"，光緒二十三年秋審。

陝西司

一起絞犯壹名李老三即李沒耳仔年肆拾貳歲

係四川保甯府通江縣人據前護理陝西巡撫布

政使張汝梅審得李老三等共毆王懷身死一

案將李老三依律擬絞等因光緒貳拾壹年柒

月拾玖日題拾月貳拾日奉

旨三法司核擬具奏欽此該臣等會同都察院大理

寺會看得李老三即李沒耳仔籍隸四川來至

直齋書録解題二十二卷

清乾隆三十八年（1773）武英殿聚珍本

DC0096四册

宋陳振孫撰。

陳振孫（約1186—1262），初名瑗，字伯玉，號直齋。湖州安吉人，一說湖州吳興人。官至寶章閣待制。

書高27.5釐米，寬17釐米。版框高19.6釐米，寬12.6釐米。每半葉九行，行二十一字，小字雙行，字數同。白口，單黑魚尾，四周雙邊。魚尾上方記"直齋書録解題"，下方記卷次及葉次，版心下背面記校者。

卷一首葉第一行題"直齋書録解題卷一"，第二行題"宋陳振孫撰"，第三行起正文。

書首有乾隆甲午"御製題武英殿聚珍版十韻有序"，《直齋書録解題》目録，目録後有乾隆三十八年校上案語。目録首葉第一行下題"武英殿聚珍版"。

書中鈐"約齋珍賞"、"陳氏芸閣"、"大倉文化財團藏書"朱印。

直齋書錄解題卷一

朱　陳振孫　撰

易類

周易注六卷略例一卷繫辭注三卷

魏尚書郎山陽王弼輔嗣注上下經撰署例晉太常

潁川韓康伯注繫辭說序雜卦自漢以來言易者多

溺於象占之學至弼始一切掃去暢以義理於是天

下後世宗之餘家盡廢然王弼好老氏魏晉談元自

弼輩倡之易有聖人之道四焉去三存一於道闕矣

絳雲樓書目一卷

清鈔本
DC0099一册

錢謙益輯。

錢謙益(1582—1664),字受之,號牧齋,晚號蒙叟、東澗遺老,世稱虞山先生。常熟人。萬曆三十八年進士,官至禮部侍郎。後降清,仍為禮部侍郎。

書高27.4釐米,寬17.8釐米。無行欄。每半葉十行,字數不等,小字雙行。清諱避至"寧"字,不避"玄"字。

襯葉題"絳雲樓書目壹卷"。書中有朱墨點校。書末題"絳雲樓書目終",前有墨書"統計四千卷"。

書中鈐"宛平查氏藏書印"、"恨不游遍名山讀遍書"、"出充天下士今讀古人書"、"大倉文化財團藏書"朱印。

易類　章句七　緯二

經解

周易兼義　即易經注疏三冊

○周易程朱氏説　四冊

○周易程朱氏説　四冊

○易稗傳二卷　宋□□

宋朱震漢上易　卜子夏易傳十一卷

傳十一卷　卦圖三卷　通志堂刊

卦圖叢

一卷

宋李衡周易義

董真卿周易朱程附錄批點二冊　吳文俗父

元胡一桂周易發明啟蒙翼傳□冊

海撮要三卷

諸家古易○古周易　呂氏周易古經

王弼易○非陽王氏古易　九江周氏易

　東萊呂氏古易一冊鈔

宋沈該諸易小傳

六卷

稅與權易學啟蒙小傳○一冊

宋仁傑易圖説一冊　三卷

吳澂周易纂言○四冊

俞日㴞周易解○冊　八

易外別傳纂一冊○元俞琰

趙彥肅復齋

易説○冊

宋子周易本義冊　三

宋王宗傳童溪易　宋

吳流易璇璣○抄一冊

傳三十卷

易數鈎隱圖○冊　三卷　附遺論九事一卷　宋劉牧

經義考三百卷目録二卷

清康熙十四年（1675）刻乾隆二十年（1755）盧見曾增刻本
DC0563六函四十八册

清朱彝尊撰。

朱彝尊（1629—1709），字錫鬯，號竹垞，又號驅芳，晚號小長蘆釣魚師，又號金風亭長，秀水人。康熙十八年舉博學鴻詞科，授翰林院檢討，入直南書房。

書高26釐米，寬16.6釐米。版框高19.9釐米，寬15.2釐米。每半葉十二行，行二十三字。白口，單黑魚尾，四周單邊。魚尾上方記"經義考"，下方記卷次，又下方記葉次。

卷一首葉第一行題"經義考卷一"，第二行題"日講官起居注翰林院檢討臣朱彝尊恭録"，第三行題"廣西等處承宣布政使司布政使臣李濤恭校"，第四行起正文。

書首有乾隆二十一年盧見曾奏折，甲戌盧見曾序，康熙四十年毛奇齡序，康熙己卯陳廷敬序，《經義考》總目後有乾隆乙亥盧見曾補刻識語。書末有乾隆二十年朱稻孫後序。

原闕卷二百八十六、卷二百九十九至三百。

書中鈐"大倉文化財團藏書"朱印。

經義考卷一

日講官 起居注翰林院檢討臣朱彝尊恭錄

廣西等處承宣布政使司布政使臣李　濤恭授

御注

御注孝經

一卷

順治十三年二月十五日

世祖章皇帝御製序曰朕惟孝者首百行而為五倫之本天
地所以成化聖人所以立教通之乎萬世而無斁放之於四
海而皆準至矣哉誠無以加矣然其廣大雖包乎無外而其
淵源實本於因心遡厥初生咸知孺慕雖在顓蒙即備天良
故位無尊卑人無賢愚皆可以與知而與能是知孝者乃生

棟亭書目不分卷

清道光咸豐間鈔本

DC0100一函四册

清曹寅輯。

曹寅（1659—1712），字子清，號荔軒，又號棟亭，遼陽人。滿族正白旗，官至兩淮鹽院。

書高28.6釐米，寬20.3釐米。無行欄。每半葉九行，字數不等，小字雙行，字數亦不等。版心下方記葉次。避“寧”字，不避“淳”字。

書首有總目。

書經重裝，加萬年紅襯紙。書根墨題“棟亭書目”及册次，“棟”字誤書為“楝”。

書中鈐“大倉文化財團藏書”朱印。

棟亭書目

棟亭先生姓曹名寅字幼清一字子清漢軍鑲藍旗人
康熙中巡視兩淮鹽政加通政司銜此本乃其家藏書
目也無卷數以類分隸凡三千二百八十七種原本無
揔目今補之

　　書目
　　經師說經義　有附
　　易　有附
　詩　有補遺　有附

欽定天祿琳琅書目十卷續編二十卷

清光緒甲申（十年，1884）長沙王氏刻本

DC0540一函十册

清于敏中編，清彭元瑞續編。

于敏中（1714—1779），字叔子，一字重棠，號耐圃，江蘇金壇人。乾隆二年進士，官至文華殿大學士兼軍機大臣。

書高30.6釐米，寬18.5釐米。版框高19.8釐米，寬14.5釐米。每半葉九行，行二十一字，小字雙行，字數同。上下黑口，雙黑魚尾，左右雙邊。上魚尾下記卷次，下魚尾上記葉次。内封題"欽定天祿琳琅書目"，内封背面牌記題"光緒甲申季夏長沙王氏敬栞"。

卷一首葉第一行題"欽定天祿琳琅書目卷一"，第二行起正文。

書首有"御製詩"及"茶宴詩"朱印，"欽定天祿琳琅書目提要"，"凡例"。書末有《天祿琳琅續編》識語，光緒十年跋。

書中鈐"大倉文化財團藏書"朱印。

欽定天祿琳瑯書目卷一

宋版經部

周易一函
五冊

上下經六卷魏王弼注繫辭以下三卷晉韓康伯

注周易略例一卷王弼著唐邢璹注俱唐陸德明

音義共十卷

是書不載刊刻年月而字法圓活刻手精整且於

宋光宗以前諱皆缺筆又每卷末詳記經注音義

字數宋版多此式其爲南宋刊本無疑

欽定四庫全書總目二百卷卷首四卷

清乾隆武英殿刻本

DC0541十二函一百一十八冊

清永瑢等纂。

書高28.2釐米，寬17.4釐米。版框高19.6釐米，寬13.8釐米。每半葉九行，行二十一字，小字雙行，字數同。白口，單黑魚尾，四周雙邊。魚尾上方記"欽定四庫全書總目"，下方記卷次，又下方記部類，版心下方記葉次。

卷一首葉第一行題"欽定四庫全書總目卷一"，第二行正文。

闕卷首四卷、卷八十九至九十一。

書中鈐"籑園此識"、"大倉文化財團藏書"朱印。

欽定四庫全書總目卷一

經部總敍

經稟聖裁垂型萬世刪定之旨如日中天無所容

其贊述所論次者詁經之說而已自漢京以後垂

二千年儒者沿波學凡六變其初專門授受遞稟

師承非惟詁訓相傳莫敢同異卽篇章字句亦恪

守所聞其學篤實謹嚴及其弊也拘（王弼王肅稍

持異議流風所扇或信或疑越孔賈啖趙以及北

宋孫復劉敞等各自論說不相統攝及其弊也雜

欽定四庫全書總目二百卷卷首四卷

清乾隆杭州刻本

DC0097十六函一百一十册

清永瑢等纂。

書高20.8釐米，寬14.1釐米。版框高14.4釐米，寬11釐米。白口，左右雙邊。每半葉九行，行二十一字，小字雙行，字數同。版心上方記"欽定四庫全書總目"及卷次，中部題門目，下方記葉次。內封題"欽定四庫全書總目提要"。書衣書籤題"欽定四庫全書總目"。

書首有聖諭，表文，職名，凡例。"卷首"後有門目。

卷一首葉第一行題"欽定四庫全書總目卷一"，第二行正文。

書中鈐"大倉文化財團藏書"朱印。

欽定四庫全書總目卷一

經部總敘

經稟聖裁垂型萬世刪定之旨如日中天無所容

其贊述所論次者詁經之說而已自漢京以後垂

二千年儒者沿波學凡六變其初專門授受遞稟

師承非惟詁訓相傳莫敢同異即篇章字句亦恪

守所聞其學篤實謹嚴及其弊也拘王弼王肅稍

持異議流風所扇或信或疑越孔賈唉趙以及北

宋孫復劉敞等各自論說不相統攝及其弊也雜

欽定四庫全書總目二百卷卷首四卷

清同治七年（1868）廣東書局刻本
DC0542十四函一百六冊

清永瑢等纂。

書高19.8釐米，寬13.3釐米。版框高14.8釐米，寬11釐米。每半葉九行，行二十字。白口，左右雙邊。版心上方記"欽定四庫全書總目"及卷次，中記部、類，下記葉次。內封刻"欽定四庫全書總目"，內封後牌記刻"同治七年廣東書局重栞"。

卷一首葉第一行題"欽定四庫全書總目卷一"，第二行起正文。

書中鈐"大倉文化財團藏書"朱印。

案語：與DC0542《欽定四庫全書附存目錄》合印。與DC0543《欽定四庫全書簡明目錄》合刻合印。

欽定四庫全書總目卷一

經部總敍

經稟聖裁垂型萬世刪定之旨如日中天無所容

其贊述所論次者詁經之說而已自漢京以後垂

二千年儒者沿波學凡六變其初專門授受遞稟

師承非惟詁訓相傳莫敢同異卽篇章字句亦恪

守所聞其學篤實謹嚴及其弊也拘王弼王肅稍

持異議流風所扇或信或疑越孔賈以及北

宋孫復劉敞等各自論說不相統攝及其弊也雜

　　　　　　經部　總敍

欽定四庫全書總目卷一

欽定四庫全書簡明目録二十卷卷首四卷

清同治七年（1868）廣東書局刻本

DC0543二函十六册

清永瑢等纂。

書高19.8釐米，寬13.1釐米。版框高14釐米，寬11.1釐米。每半葉九行，行二十字。白口，左右雙邊。版心上方記"欽定四庫全書簡明目録"及卷次，中記類目，下記葉次。內封刻"欽定四庫全書簡明目録"，內封後牌記刻"同治七年廣東書局重栞"。

卷一首葉第一行題"欽定四庫全書簡明目録卷一"，第二行起正文。

書中鈐"大倉文化財團藏書"朱印。

案語：與DC0542《欽定四庫全書總目》合刻合印。與DC0542《欽定四庫全書附存目録》合印。

欽定四庫全書簡明目錄卷一

經部一

易類

子夏易傳十一卷

舊本題卜子夏撰實後人輾轉依託非其原書然
唐宋以來流傳已久今仍錄冠易類之首几託名
之書仍從其所託之時代漢書藝文志例也
謹案唐徐堅初學記以太宗御製升列歷代
之前蓋尊尊之大義宜然焦竑國史經籍志

經部易類 一

欽定四庫全書簡明目錄卷一

欽定四庫全書附存目録十卷

光緒甲申(十年,1884)學海堂刻本
DC0542合一函六册

清胡虔録。

胡虔,約乾嘉時人,名雛吾,號楓原,桐城人。

書高19.8釐米,寬13.1釐米。版框高13.8釐米,寬10.9釐米。每半葉九行。白口,左右雙邊。版心上方記"欽定四庫全書附存目録"及卷次,中記類目,下記葉次。書內封刻"四庫存目",內封後有牌記"光緒甲申春/學海堂重刊"。

卷一首葉第一行題"欽定四庫全書附存目録卷一",第二行起正文。

書首有乾隆五十八年胡虔識語。

書中鈐"大倉文化財團藏書"朱印。

案語:與DC0542《欽定四庫全書總目》、DC0543《欽定四庫全書簡明目録》合印。

欽定四庫全書附存目錄卷一

經部

　易類

關氏易傳一卷 舊本題北魏關朗撰唐趙蕤注

方舟易學二卷 宋李石撰

周易繫辭精義二卷 舊本題呂祖謙撰

東萊易說二卷 舊本題呂祖謙撰

周易輯說明解四卷 舊本題宋馮椅撰

水村易鏡一卷 宋林光世撰

欽定四庫全書附存目錄卷一　　經部易類

一

欽定四庫全書考證一百卷

清乾隆武英殿聚珍本

DC0098六函四十八册

清王太岳纂輯。

王太岳（1722—1785），字基平，號芥子，直隸定興人。乾隆七年進士，官至國子監司業，卒於官。

書高28.6釐米，寬17.5釐米。版框高19.4釐米，寬15.6釐米。每半葉九行，行二十一字。白口，單黑魚尾，四周雙邊。魚尾上方記"欽定四庫全書考證"，下記卷次，版心下方記葉次。

卷二首葉第一行頂格題"欽定四庫全書考證"，下空四格題"武英殿聚珍版"，第二行起正文。

總目、卷一、卷二十三至二十五、卷四十四至四十五鈔配。

書中鈐"大倉文化財團藏書"朱印。

欽定四庫全書考證

武英殿聚珍版

卷二 經部

童溪易傳

丙子學易編

周易卦爻經傳訓解

周易要義

易翼傳

周易輯聞

周易詳解

彙刻書目十卷補一卷續編一卷

清光緒元年(1875)京都琉璃廠刻本
DC0105二函十一册

清顧修編。

顧修,字仲歐,號松泉,又號蒹涯。石門人,後移居桐鄉。工詩畫,好藏書。藏書樓名"讀畫齋"。

書高16.6釐米,寬10.8釐米。版框高12.6釐米,寬9.8釐米。每半葉九行,行二十一字,小字雙行,字數同。上下黑口,左右雙邊。版心中題"彙刻書目"及細目,版心下正面記册次及葉次。内封鐫"光緒乙亥春鐫/增補彙刻書目/京都琉璃廠藏板"。

總目首葉第一行題"彙刻書目第一册總目",第二行正文。卷一首葉第一行起正文。

書首有嘉慶己未顧脩"彙刻書目初編目敘","彙刻書目總目"。

書中鈐"大倉文化財團藏書"朱印。

案語:與DC0106光緒二年傅氏味腴藝圃刻本《續彙刻書目》合印。

十三經注疏

周易正義十卷　唐孔穎達

尚書正義二十卷　漢孔安國傳孔穎達疏

毛詩正義四十卷　漢鄭元箋孔穎達疏

周禮註疏四十二卷　鄭元註唐賈公彥疏

儀禮註疏十七卷　鄭元註孔穎達疏

禮記正義六十三卷　鄭元註孔穎達疏

春秋左傳正義三十六卷　晉杜預註孔穎達疏

春秋公羊傳註疏二十八卷　漢何休註唐徐彥疏

十三經註疏　〔甲一〕

鐵琴銅劍樓藏書目錄二十四卷

清光緒二十三年（1897）誦芬室刻本

DC0102十册

清瞿鏞編。

瞿鏞（1794—1846），字子雍，江蘇常熟人。貢生，署寶山縣學訓導，鐵琴銅劍樓第二代主人。

書高24.5釐米，寬15.6釐米。版框高17.5釐米，寬13.6釐米。每半葉十二行，行二十字。上下黑口，雙黑魚尾，左右雙邊。上魚尾下記"藏書目錄"及卷次，下魚尾上記葉次，下正面記"誦芬室叢刻之一"。內封鐫"鐵琴銅劍樓書目／長孺署"，內封背面牌記"光緒丁酉年誦芬室校刊"。

卷一首葉第一行題"鐵琴銅劍樓藏書目錄卷第一"，第二行題"常熟瞿鏞子雍"，第三行起正文。

書首有咸豐七年宋翔鳳"序"，"鐵琴銅劍樓藏書目錄"。

卷二十三第二十九至三十七葉鈔配。

書中鈐"大倉文化財團藏書"朱印。

鐵琴銅劍樓藏書目錄卷第一

　　　　　　常熟瞿　　鏞子雍

經部一

易類

周易十卷 宋刊本

經九卷略例一卷通爲十卷與晁氏郡齋讀書志合

分卷與陸氏釋文開成石經相臺岳氏本合九卷中

分序卦第十雜卦第十一爲子卷亦竝合卷一首行

題上經乾傳第一下夾注釋文周代名也云云至次

行止三行題王弼注四行題唐國子博士兼太子中

允贈齊州刺史吳縣開國男陸德明釋文附卷二以

下無唐國子至釋文附二行繫辭以下題韓康伯注

鐵琴銅劍樓藏書目録二十四卷

清光緒二十四年（1898）常熟瞿氏刻本
DC0545一函十册

清瞿鏞編。

書高30.2釐米，寬17.8釐米。版框高17.8釐米，寬12.7釐米。每半葉十行，行二十二字，小字雙行，字數同。粗黑口，單黑魚尾，左右雙邊。魚尾下方記 "藏書目録" 及卷次，又下記葉次。書内封刻 "鐵琴銅劍樓藏書目録二十四卷栩緣題"，内封後有牌記 "常熟瞿氏栞于罟里家塾"。

卷一首葉第一行題 "鐵琴銅劍樓藏書目録卷第一"，第二行題 "常熟瞿鏞子雍"，第三行正文。

書首有咸豐七年宋翔鳳序，"鐵琴銅劍樓藏書目録"。書末有光緒五年張瑛後序，光緒二十四年孫啟甲識語。

書中鈐 "大倉文化財團藏書" 朱印。

鐵琴銅劍樓藏書目錄卷第一

　　　　　　　　　　　　常熟瞿　鏞子雝

經部一

易類

周易十卷　宋刊本

　經九卷略例一卷通爲十卷與晁氏郡齋讀書志合

　分卷與陸氏釋文開成石經相臺岳氏本合九卷中

　分序卦第十雜卦第十一爲子卷亦竝合卷一首行

　題上經乾傳第一下夾注釋文周代名也云云至次

　行止三行題王弼注四行題唐國子博士兼太子中

又一部

DC0546十册

書高28.3釐米，寬17.4釐米。版框高17.8釐米，寬12.8釐米。
書中鈐 "大倉文化財團藏書" 朱印。

鐵琴銅劍樓藏書目錄卷第一　　　常熟瞿　鏞子雝

經部一

易類

周易十卷　宋刊本

經九卷略例一卷通爲十卷與晁氏郡齋讀書志合

分卷與陸氏釋文開成石經相臺岳氏本合九卷中

分序卦第十雜卦第十一爲子卷亦並合卷一首行

題上經乾傳第一下夾注釋文周代名也云云至次

行止三行題王弼注四行題唐國子博士兼太子中

鐵書目錄卷一

楹書隅錄五卷續編四卷

清光緒二十年（1894）城海源閣刻本

DC0101一函八册

清楊紹和撰。

楊紹和（1830—1875），字彥合，又字念微，號協卿、筠岩。聊城縣人。官至通議大夫。

書高26.7釐米，寬15.3釐米。版框高17.9釐米，寬12.7釐米。每半葉九行，行二十一字，小字雙行，字數同。白口，單黑魚尾，左右雙邊。魚尾上方記"楹書隅錄"，魚尾下記卷次及葉次，版心下方記"海源閣"。書首內封記"楹書隅錄初編/道州何維樸署檢"、內封背面牌記題"光緒甲午中秋海源閣栞"。《續編》內封題"楹書隅錄續編/臨桂龍繼棟署檢"，內封背面牌記題"光緒甲午中秋海源閣栞"。

卷一首葉第一行題"楹書隅錄卷一"，第二行題"聊城楊紹和彥合"，第三行起正文。

書首有同治癸酉許賡颺序，同治己巳楊紹和自序，"楹書隅錄總目"。《續編》書首有同治辛未楊紹和序，"楹書隅錄續編總目"。

書中鈐"大倉文化財團藏書"朱印。

楹書隅錄卷一

經部

宋本周易本義十二卷八冊二函

聊城楊紹和彥合

和幼時讀周易 先公諭曰此非朱子之舊也檢顧

氏日知錄示和而訪求本義舊本不可得所藏者乃

內府摹刻宋吳革本也昨歲入都於廠肆見此本

楮墨絕精色香俱古洵吳氏原槧愛玩不忍釋手而

索直昂議再三未就此歸始致書友人購之謹案

楹書隅録五卷續編四卷

清光緒二十年（1894）聊城海源閣刻民國元年（1912）補刻本
DC0544八冊

清楊紹和撰。

書高30.1釐米，寬17.7釐米。版框高18釐米，寬12.6釐米。每半葉九行，行二十一字，小字雙行，字數同。白口，單黑魚尾，左右雙邊。版心上方記"楹書隅録"，魚尾下方記卷次，又下方記葉次，版心下記"海源閣"。內封刻"楹書隅録初編/北平孫壯署檢"。《續編》內封刻"楹書隅録續編/守非題"，卷一目録後牌記鎸"皇朝宣統三年亥冬海王邨補刊刷印"。

卷一首葉第一行題"楹書隅録卷一"，第二行題"聊城楊紹和彥合"，第三行起正文。

書首有同治癸酉許賡颺序，同治己巳楊紹和自序，"楹書隅録總目"。書末有光緒二十年楊保彝跋，乙未柯紹忞跋。《續編》書首有同治辛未楊紹和序，"楹書隅録續編總目"，書後有壬子董康跋。

書中鈐"大倉文化財團藏書"朱印。

案語：此本初編內封背面未印牌記。其版清末流入京師琉璃廠，宣統三年書坊嘗補刊刷印。民國元年董康購得此版，補刻其闕失之一百九十餘版，重為刷印。

楹書隅錄卷一

聊城楊紹和彥合

經部

宋本周易本義十二卷八冊二函

和幼時讀周易　先公諭曰此非朱子之舊也檢顧
氏日知錄示和而訪求本義舊本不可得所藏者乃
內府摹刻宋吳革本也昨歲入都於廠肆見此本
楮墨絕精色香俱古洵吳氏原槧愛玩不忍釋手而
索直昂議再三未就比歸始致書友人購之謹案

善本書室藏書志四十卷附録一卷

清光緒二十七年（1901）錢塘丁氏刻本

DC0103十六册

清丁丙輯。

丁丙（1832—1899），字嘉鱼，號松生，晚年號松存，別署錢塘流民、八千卷樓主人、竹書堂主人、書庫報殘生、生老。錢塘人。

書高24.2釐米，寬15.3釐米。版框高17釐米，寬11.6釐米。每半葉十三行，行二十六字。白口，單黑魚尾，四周雙邊。魚尾下方記“藏書志”及卷次，版心下方記葉次。内封鐫“善本書室藏書志/光緒辛丑秋九月張鳴珂”，背面牌記鐫“光緒辛丑季秋錢唐丁氏開雕”。

卷一首葉第一行題“善本書室藏書志卷一”，第二行題“錢塘丁丙松生甫輯”，第三行起正文。

書首有光緒庚子繆荃孫“藏書志序”，戊戌丁丙自識。書末附録後有丁立中識語。

書中鈐“會稽章氏藏書”、“大倉文化財團藏書”朱印。

善本書室藏書志卷一

經部一　　　　　　　　　　　　　　　　錢塘丁丙松生甫輯

周易十卷宋刊本　孫氏壽松堂藏書

王弼注

此書每半葉八行行十七字首行頂格題周易上經乾傳第一
次行低十字題王弼注三行頂格三三乾上下接經文經注繫
辭首行題周易繫辭第七次行低十格題韓康伯注三行以下
刻繫辭卷九說卦傳格式同卷十首行題周易略例序次行低
六格題唐四門助敎邢璹注三行刻序文序後另行題周易略
例卷第十次行頂格題明象三行頂格刻略例每卷後半葉邊
匡外之上刻乾坤屯蒙及繫辭說卦略例等字字體圓美槧刻
精工無明代修補之葉缺筆至愼字止當爲乾道淳熙閒刊本

又一部

DC0547二函十六册

書高23.8釐米，寬15.2釐米。版框高16.8釐米，寬11.6釐米。

書首有光緒庚子繆荃孫序。書末有戊戌丁丙識語。

書中鈐"大倉文化財團藏書"朱印。

善本書室藏書志卷一

錢塘丁丙松生甫輯

經部一

周易十卷宋刊本　孫氏壽松堂藏書

王弼注

此書每半葉八行行十七字首行頂格題周易上經乾傳第一

次行低十字題王弼注三行頂格三三乾上下接經文經注繫

辭首行題周易繫辭第七次行低十格題韓康伯注三行以下

刻繫辭卷九說卦傳格式同卷十首行題周易略例序次行低

六格題唐四門助教邢璹注三行刻序文序後另行題周易略

例卷第十次行頂格題明象三行頂格刻略例每卷後半葉邊

匡外之上刻乾坤屯蒙及繫辭說卦略例等字字體圓美蘇刻

精工無明代修補之葉缺筆至愼字止當爲乾道淳熙閒刊本

皕宋樓藏書志一百二十卷

清光緒八年（1882）十萬卷樓刻本
DC0104四函三十二册

清陸心源編。

陸心源（1834—1894），字剛甫、剛父，號存齋，晚號潛園老人，歸安人。官至福建鹽運使。

書高24.3釐米，寬15.2釐米。版框高17.4釐米，寬12.1釐米。每半葉十行，行十八字。白口，單黑魚尾，四周雙邊。魚尾上方記“皕宋樓藏書志”，魚尾下記卷次及葉次。内封鐫“皕宋樓藏書志/曲園居士俞樾題”，背面鐫“光緒八年壬午冬月十萬卷樓藏版”。

卷一首葉第一行頂格題“皕宋樓藏書志卷一”，下空六格題“存齋雜纂之六”，第二行題“歸安陸心源剛甫編”，第三行起正文。

書首有光緒壬午李宗蓮序，“例言”，“皕宋樓藏書志目録”。

書中鈐“大倉文化財團藏書”朱印。

皕宋樓藏書志卷一

存齋雜纂之八

歸安陸心源剛甫編

經部

易類一

周易鄭康成注一卷 元刊本

宋 浚儀王應麟伯厚甫纂輯

鄭康成學費氏易爲注九卷多論互體以互體

求易左氏以來有之凡卦爻二至四三至五兩

體交互各成一卦是謂一卦含四卦繫辭謂之

中爻所謂八卦相盪六爻相雜唯其時物雜物

皕宋樓藏書志 卷一 一

皕宋樓藏書志一百二十卷續志四卷

清光緒八年（1882）十萬卷樓刻本

DC0548三十二册

清陸心源編。

書高24.8釐米，寬14.7釐米。版框高17.3釐米，寬12釐米。每半葉十行，行二十字。白口，單黑魚尾，四周雙邊。魚尾上方記"皕宋樓藏書志"，下方記卷次，又下方記葉次。內封刻"皕宋樓藏書志曲園居杰俞樾題"，內封後有牌記"光緒八年壬午冬月十萬卷樓藏版"。

卷一首葉第一行頂格題"皕宋樓藏書志卷一"，下空六格題"存齋雜纂之六"，第二行空十格題"歸安陸心源剛甫編"，第三行起正文。

書首有光緒壬午李宗蓮序，"例言"，"皕宋樓藏書志目録"。

書中鈐"大倉文化財團藏書"朱印。

皕宋樓藏書志卷一　　存齋雜纂

歸安陸心源剛甫編

經部

易類

周易鄭康成注一卷　元刊本

宋　淩儀王應麟伯厚甫纂輯

鄭康成學費氏易爲注九卷多論互體以互體

求易左氏以來有之凡卦爻二至四三至五兩

體交互各成一卦是謂一卦含四卦繫辭謂之

中爻所謂八卦相盪六爻相雜唯其時物雜物

皕宋樓藏書志　卷一　　　一

續彙刻書目十二卷補遺一卷

清光緒二年（1876）傅氏味腴藝圃刻本

DC0106二函十一冊

清傅雲龍輯。

傅雲龍（1840—1901），字樓元，一字懋元，號醒夫，浙江德清人。官至機器局會辦兼海軍衙門總辦。

書高16.6釐米，寬10.8釐米。版框高12釐米，寬9.5釐米。每半葉九行，行二十一字。上下黑口，左右雙邊。版心上黑口下記"續彙刻書目"及卷次，又下記類目及葉次，版心下正面記"味腴菽圃槀"。內封鐫"續彙刻書目十二卷"，內封背面鐫"光緒二年丙子開雕"。

總目首葉第一行題"續彙刻書目總目"，第二行題"德清傅雲龍懋元輯"，第三行正文。卷一首葉第一行起正文。

書首有光緒元年傅雲龍"續彙刻書目自敘"，"續彙刻書目總目"。書末有傅雲龍識語。

書中鈐"大倉文化財團藏書"朱印。

案語：與DC0105光緒元年京都琉璃廠刻本《彙刻書目》合印。

三易備遺 宋朱元昇撰

河圖洛書一卷

連山三卷

歸藏三卷

周易三卷

敬鄉堂藏書十一經部易類

一味腴萩圃臺

彙刻書目外集六卷

日本文政四年（1821）刻明治後印本

DC0569六冊

日本松澤老泉輯。

書高18.6釐米，寬12.8釐米。版框高12.8釐米，寬9.8釐米。每半葉九行，行二十一字。上下黑口，左右雙邊。版心中記"彙刻書目外集"，下題冊次及葉次。書衣書籤題"彙刻書目外集"，右下有籤題"昌平叢書"。

卷一首葉第一行起正文。

書首有辛巳鵬齋老人序，文政二年松澤老泉"彙刻書目外集自敘"，凡例。

書中鈐"大倉文化財團藏書"朱印。

十三經注疏

周易注疏九卷
卷一至卷六魏王弼注
卷九韓康伯注唐孔頴達疏
板共九卷四庫總目彙刻書目共為十卷恐誤
八論凡十四頁王弼略例凡二十一頁諸

尚書注疏二十卷
漢孔安國傳
孔頴達疏

毛詩注疏二十卷
漢毛亨傳鄭玄箋
孔頴達疏
明毛晉十三經綠起亦為二
十卷四庫總目彙刻書目共為四十卷恐誤今
分每卷則二十卷內七十卷乃記左以詳之

卷一內五卷
卷二內三卷
卷三內三卷
卷四內四卷
卷五內三卷
卷六內四卷
卷七內三卷
卷八內三卷
卷九內四卷
卷十內三卷
卷十一內二卷
卷十二內三卷
卷十三內二卷
卷十四內三卷
卷十六內五卷
卷十七內四卷

彙刻書目外集 十三經注疏 礼一

靜嘉堂祕籍志五十卷首一卷

日本大正六年(1917)靜嘉堂鉛印本

DC0550五函二十五册

日本河田羆編。

書高29.9釐米,寬17.4釐米。版框高20.7釐米,寬13.1釐米。無行欄。每半葉十行,行二十五字。白口,單黑魚尾,四周單邊。魚尾上方記"祕籍志",下方記卷次,又下方記葉次,版心下方記"靜嘉堂藏梓"。內封刻"靜嘉堂祕籍志",內封後牌記鎸"大正丁巳七月開雕"。函套書籤印"靜嘉堂祕籍志"。

卷一首葉第一行頂格題"靜嘉堂祕籍志卷一",下空七格題"歸安陸氏皕宋樓舊藏",第二行題"河田羆編",第三行起正文。

書中鈐"大倉文化財團藏書"朱印。

靜嘉堂祕籍志卷一

歸安陸氏皕宋樓舊藏

河田羆編

經部

總經類

宋刊十三經。 共二百本

周易兼義。魏王弼注。唐孔穎達正義。 宋刊八本

周易兼義十卷。音義一卷。宋刊本 一匣

魏王弼注唐國子祭酒上護軍曲阜縣開國子臣孔穎

達奉敕撰正義。

孔穎達序。

成簣堂善本書目八篇

日本昭和七年（1932）民友社鉛印本
DC0557二冊

蘇峰先生古稀祝賀紀念刊行會編纂。

書高27.4釐米，寬19.7釐米。版框高15.2釐米，寬10.3釐米。無行欄。每半葉八行，行二十五字，小字雙行，行二十九字。無版心，版框外書口冊下方記葉次。

內封題"成簣堂善本書目"，內封另行墨題"大倉男爵坐右蘇峰老人"，鈐"蘇"、"峰"朱印。內封背面朱印"蘇峰先生古稀/祝賀紀念出版"、"特製壹百部/第五拾壹號"。書衣書籤印"成簣堂善本書目"。書後有版權葉。

第一篇首葉第一行正文。

書首有昭和七年蘇峰老人序，凡例，目次，圖版目錄。書後附正誤表。

書中鈐"大倉文化財團藏書"朱印。

第一篇 舊鈔本

伊勢物語抄 一卷 飯尾宗祇撰 一册

室町時代寫本延德初年防州尺江に於ける講說、略ゝ當時の書寫なる可し。寫守臺之藏書印記あり本願寺舊藏。

源氏物語箒木卷別註 一卷 飯尾宗祇撰 一册

室町末期寫本。文明十七年宗祇撰述を去る遠からざる書寫なり、卷末に宗淵の添紙あり本庫別に文明云々の奧書無き江戸初期の寫本を藏す。

今昔物語 二十七册

一

藏書紀事詩七卷

清宣統二年（1910）刻本
DC0567六册

葉昌熾撰。

葉昌熾（1849—1917），字蘭裳，又字鞠裳、鞠常，自署歇後翁，晚號緣督廬主人，江蘇長洲人。光緒十五年進士，歷任翰林院庶吉士、國史館協修、纂修、總纂官，遷國子監司業，加侍講銜，擢甘肅學政。

書高28釐米，寬17.5釐米。版框高17.6釐米，寬13釐米。每半葉十一行，行二十三字。上下黑口，單黑魚尾，左右雙邊。魚尾下方記 "書" 及卷次，又下方記葉次。

卷一首葉第一行題 "藏書紀事詩卷一"，第二行題 "長洲葉昌熾"，第三行起正文。

書首有序目，序目首有光緒辛卯王頌蔚序，末有宣統二年葉昌熾識語。

書中鈐 "大倉文化財團藏書" 朱印。

藏書紀事詩卷二

宋明寶文祕令猶盛於蜀中　　　長洲葉昌熾

蜀本九經最先出後來孳乳到長興蒲津毋氏家鏤造海內

通行價倍增毋昭裔守素

宋史毋守素性好藏書在成都令門人句中正孫逢吉書

文選初學記白氏六帖鏤板守素齋至中朝行於世焦

氏筆乘唐末益州始有墨板多術數字學小書而已蜀毋

昭裔請刻板印九經蜀主從之自是始用木板摹刻六經

景德中又摹印司馬班范諸史並傳於世又云蜀相毋

公蒲津人先爲布衣嘗從人借文選初學記多有難色公

歎曰恨余貧不能力致他日稍達願刻板印之庶及天下

書林清話十卷

民國九年（1920）長沙葉氏觀古堂刻本
DC0568四冊

葉德輝撰。

葉德輝（1864—1927），字煥彬，號直山，別號郋園，湖南湘潭人，祖籍蘇州吳縣洞庭東山。光緒十八年進士，任吏部主事，不久辭官歸鄉。

書高26.5釐米，寬16.9釐米。版框高18釐米，寬13.3釐米。每半葉十一行，行二十二字。上下黑口，雙黑魚尾，左右雙邊。魚尾下方記"書話"及卷次，又下方記葉次。內封題"書林清話"，內封背面牌記鐫"書經三次修改校對的無差訛/翻板本干例禁照律罰應重苛/抑或改名射利與前所犯同科/書枋各宜自愛告追定受嚴訶/庚申季春月觀古堂主人謹咨"。

卷一首葉第一行題"書林清話卷一"，第二行題"南陽葉德輝煥彬甫述"，第三行起正文。

書首有著雍敦牂繆荃孫"書林清話序"，宣統辛亥葉德輝"書林清話敘"，"書林清話總目"。書末有屠維協洽葉啟釜"書林清話跋"。

書中鈐"大倉文化財團藏書"朱印。

書林清話卷一　　　　　南陽葉德輝煥彬甫述

總論刻書之益

昔宋司馬溫公云積金以遺子孫子孫未必能盡守積書
以遺子孫子孫未必能盡讀不如積陰德于冥冥之中以
爲子孫無窮之計吾按此數語元孔行素至正直記亦引
之世皆奉爲箴言然積德而子孫昌大或金根伏獵之見
譏亦非詒謀之善故余謂積德積書二者當并重且溫公
雖有是言而其好書亦有深癖宋費袞梁谿漫志云溫公
獨樂園之讀書堂文史萬餘卷而公晨夕所常閱者雖累
數十年皆新若手未觸者常謂其子公休曰賈豎藏貨貝

欽定重刻淳化閣帖十卷

清乾隆丙申（四十一年，1776）武英殿聚珍本

DC0629四册

清于敏中等奉敕校訂，清金簡録。

金簡（？—1794），初隸内務府漢軍，後改入滿洲正黄旗，賜姓金佳氏。官至吏部尚書。

書高28釐米，寬17.3釐米。版框高19.3釐米，寬12.6釐米。每半葉九行，行二十一字，小字雙行，字數同。白口，單黑魚尾，四周雙邊。魚尾上方記"欽定重刻淳化閣帖"及卷次，版心下記葉次及"臣金簡恭校"。

卷一首葉第一行題"欽定重刻淳化閣帖第一"，第二行正文。

書首有乾隆甲午"御製題武英殿聚珍版十韻有序"，乾隆御題"寓名蘊古"，壬辰"御製淳化軒記"，乾隆三十四年御筆序文。書末有于敏中等跋，錢陳羣跋，職名，乾隆丙申金簡跋。

書中鈐"大倉文化財團藏書"朱印。

欽定重刻淳化閣帖第一

歷代帝王法帖

夏后氏大禹書　舊標複禹列卷五今從史例改題並移此

出令聶子星紀齊春其尚節化

謹案右一帖篆書二行十二字

後漢章帝書　舊止標漢今從史例增後字

辰宿列張盈昃海鹹河淡鱗羽翔龍師火帝鳥官人皇

始制文字乃服衣迴壹體罔談彼短無恃己長尺璧

非尚寸陰是競孝當竭力忠與溫若思愼終宜令學優

臣金簡恭校

乾隆鑑賞

淳化軒圖書珍秘寶

竹雲題跋四卷

日本安政四年（1857）刻本
DC0580四册

清王澍著。

王澍（1668—1743?），字若霖、箬林、若林，號虛舟，別號竹雲，亦自署二泉寓居，江蘇常州人。官至吏部員外郎。

書高25.2釐米，寬17.8釐米。版框高18.6釐米，寬11釐米。每半葉八行，行十八字。白口，單黑魚尾，左右雙邊。魚尾上方記"竹雲題跋"及卷次，版心下記葉次。內封題"王箬林先生著/竹雲題跋/岡田篁玉堂翻刻"。

卷一首葉第一行題"竹雲題跋卷一"，第二行題"金壇王澍虛舟著"，第三行題"茗上錢人籠壽泉訂"，第四行起正文。

書首有乾隆丁亥沈德潛序，"竹雲題跋目次"。書末有乾隆戊子陳焯跋，錢人龍跋，日本安政四年刊記。

書中鈐"縣氏主靜堂藏弆記"、"大倉文化財團藏書"朱印。

竹雲題跋卷一

　　　　　　　金壇王澍虛舟著

　　　　　　　茗上錢人龍壽泉訂

比干墓銅盤銘

書云武王克商封比干之墓水經注云朝歌縣

壮牧野有比干冢一統志六墓在衛城壮十五

里卽武王所封冢又云一在偃師唐開元中縣

人畊地得銅盤徑二尺許有銘一十六字篆法

金石存十五卷

清嘉慶二十四年（1819）山陽李氏聞妙香室刻本

DC0107四冊

清吳玉搢纂。

吳玉搢（1698—1773），字籍五，號山夫，江蘇山陽人。官至鳳陽訓導。

書高30釐米，寬18釐米。版框高19.4釐米，寬13.4釐米。每半葉十一行，行二十一字。上下黑口，單黑魚尾，左右雙邊。上黑口上方背面記字數，下方記"金石存"及卷次、篇目，版心下記葉次。內封鐫"金石存/嘉慶己卯仲夏/聞妙香室挍栞"。

卷一首葉第一行題"金石存卷一"，第二行空二格題"淮安吳玉搢纂"，又空五格題"聞妙香室挍本"，第三行起正文。

書首有嘉慶二十四年李宗昉"挍刻金石存敘"，"挍刻金石存例言"，乾隆三年吳玉搢"自敘"，王紘等"題詞"，"金石存目錄"。書末有周榘跋。

書中鈐"光山胡氏藏書"、"大倉文化財團藏書"朱印。

金石存卷一

淮安吳玉搢篹

篆存一

間妙香室校本

商祖癸彝銘

卧止且癸旅尊彝冊

右商祖癸彝銘九字祖作且古文也彝下从作二冊
字言其為王所冊命也首一字不可識其右从邑益
作器者之名也旅者眔也言如此彝者非一也薛用
敲曰畣人謂有田一成有眔一旅則旅舉其眔也攷
諸銘識虧曰旅虧敲匜曰旅敲匜曰旅匜簋曰旅簋義
率如此

金石萃編一百六十卷

清嘉慶十年（1805）刻同治十一年（1872）補刻本

DC0108四十八册

清王昶撰。

王昶（1725—1806），字德甫，號述庵，又號蘭泉，江蘇青浦人。清乾隆十九年進士，官至刑部右侍郎。

書高28.8釐米，寬17.5釐米。版框高19釐米，寬14釐米。每半葉十行，行二十一字，小字雙行，字數同。上下粗黑口，單黑魚尾，左右雙邊。魚尾下方記"金石萃編"及卷次、細目，又下方記葉次。內封鐫"青浦述菴王昶著/金石萃編/經訓堂藏板"。

卷一首葉第一行題"金石萃編卷一"，第二行題"賜進士出身誥授光祿大夫刑部右侍郎加七級王昶撰"，第三行起正文。

書首有嘉慶十年仲秋青浦王昶序，"金石萃編目録"。書末有乙丑錢侗跋，嘉慶乙丑朱文藻跋，同治十年錢寶傳"補刊金石萃編跋"，同治十一年王景禧"重修金石萃編跋"。

書中鈐"大倉文化財團藏書"朱印。

金石萃編卷一

一　賜進士出身

誥授光祿大夫刑部右侍郎加七級王昶譔

周宣王石鼓文

鼓凡十每鼓約徑三尺餘其第一行行六字第
二九行行七字第三四皆十行行七字第五十一
行六字第六十一行上半殘闕每行止存四字第九
十五行行五字其七八十三鼓剝蝕過甚行字數俱
不可紀今在國子
監大成門左右

第一鼓

（以下石鼓文篆字，缺釋）

又一部

DC0572六函八十册

　　書高23.9釐米，寬15.6釐米。版框高19釐米，寬13.9釐米。

　　書首有嘉慶十年王昶"金石萃編序"，嘉慶乙丑錢侗跋，嘉慶乙丑朱文藻跋，"金石萃編目録"。書末有同治十年錢寶傳"補刊金石萃編跋"，同治十一年王景禧"重修金石萃編跋"。

　　書中鈐"大倉文化財團藏書"朱印。

金石萃編卷一

賜進士出身　誥授光祿大夫刑部右侍郎加七級青浦王昶撰

周宣王石鼓文

鼓凡十每鼓約徑三尺餘共第一十一行行六字第
二九行行七字第三四皆十行行七字第五十一行
行六字第六十一行上半殘闕每行止存四字第九
十五行行五字其七八十三鼓剝蝕過甚行字數俱
不可紀今在國子
監大成門左右

第一鼓

（石鼓文）

金石萃編卷一　周　一

常山貞石志二十四卷

清光緒二十年（1894）靈溪精舍刻本

DC0109十冊

清沈濤撰。

沈濤（約1792—1855），原名爾岐、爾政，字西雍，號匏廬，浙江嘉興人。官至福建興泉永道。

書高29.3釐米，寬17.7釐米。版框高18.6釐米，寬14.3釐米。每半葉十一行，行二十一字，小字雙行，字數同。上下黑口，單黑魚尾，左右雙邊。魚尾下方記"常山貞石志"及卷次，版心下方記葉次。內封鎸"常山貞石志/道光壬寅孟夏/楊夫渠題"，內封背面牌記題"光緒甲午六月靈溪精舍翻雕"。

卷一首葉第一行題"常山貞石志卷一"，第二行題"誥授朝議大夫直隸正定府知府今調廣平府知府前署大順廣兵備道沈濤撰"，第三行起正文。

書首有道光二十二年沈濤自序，"常山貞石志目錄"。書末有邊浴禮跋，光緒二十三年柯逢時跋。

書中鈐"大倉文化財團藏書"朱印。

常山貞石志卷一

誥授朝議大夫直隸正定府知府今調廣平府知府前署大順廣兵備道沈濤識

周

　　贊皇縣學

正書今在

中祐記九行行三十二字額題吉日癸巳之記六字

石高三尺三寸五分廣二尺五寸五分篆書右刻李

壇山刻石

吉日癸巳

贊皇縣壇山上有周穆王刻石四字曰吉日癸巳筆

力遒勁有劒拔弩張之狀地荒且僻歷字金石萃編

無數千年鮮有知其奇古而往寓目者雨激風射日

銷月鑠幾何其不遂堙滅廣平宋□作公皇祐四年

荒且僻歷四

字金石萃編

　　常山貞石志卷一　　　　　一

長安獲古編二卷補一卷

清光緒三十一年（1905）東武劉鶚刻本

DC0110一函二册

清劉喜海輯。

劉喜海（1793—1852），字燕庭，一作燕亭，又字吉甫，山東諸城人。嘉慶二十一年舉人，官至浙江布政使，署浙江巡撫。

書高30.6釐米，寬17.7釐米。版框高21釐米，寬14.9釐米。白口，單黑魚尾，四周單邊。魚尾下記"長安獲古編"及卷次，又下方記葉次。

卷一首葉第一行起正文。

書首襯葉見朱紅字"寄售足銀五兩"。書末有乙巳秋七月丹徒劉鐵雲跋。

書中鈐"大倉文化財團藏書"朱印。

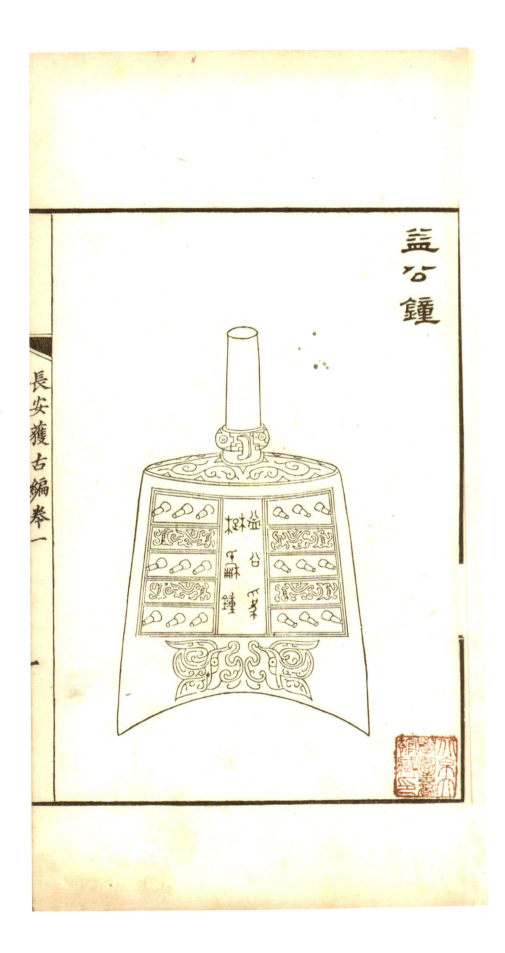

鐵雲藏龜

清光緒二十九年（1903）石印本
DC0115六冊

清劉鶚輯。

劉鶚（1857—1909），原名孟鵬，字雲搏、公約。後更名鶚，字鐵雲，又字公約，號老殘。江蘇丹徒人。

書高25.9釐米，寬15.3釐米。版框高19.2釐米，寬12.9釐米。白口，單黑魚尾，四周單邊。魚尾上方記“鐵雲藏龜”，下記葉次，版心下印“袤殘守缺齋所藏/三代文字之一”。內封題“鐵雲藏龜”，內封背面牌記印“抱殘守缺齋所藏三代文字第一”。

正文為龜甲圖片。

書首有癸卯羅振玉敘，光緒癸卯吳昌綬序，光緒癸卯劉鐵雲序。

書中鈐“大倉文化財團藏書”朱印。

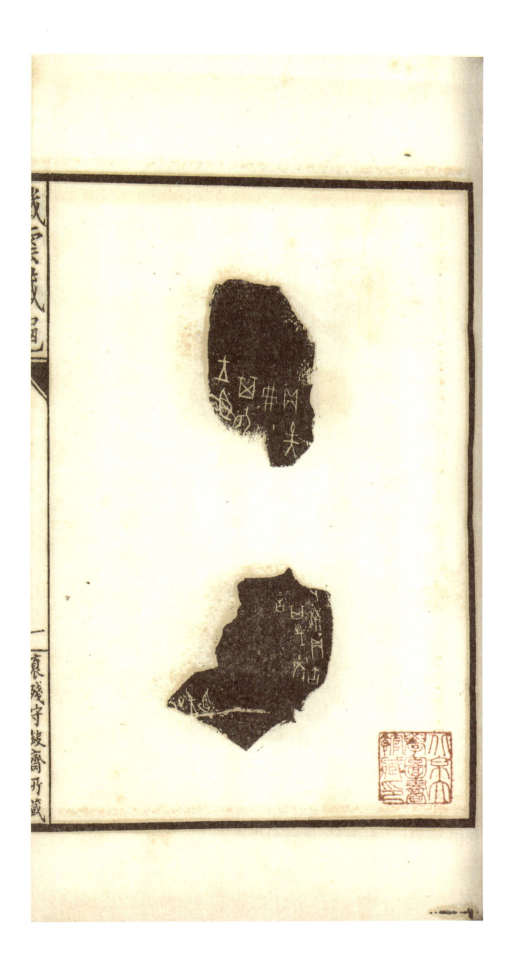

鐵雲藏陶

清光緒三十年（1904）丹徒劉氏抱殘守闕齋石印本

DC0114四册

　　清劉鶚輯。

　　書高25.9釐米，寬15.3釐米。版框高19.6釐米，寬13.3釐米。白口，單黑魚尾，四周單邊。魚尾上記"鐵雲藏陶"，下記葉次，版心下印"襃殘守闕齋所藏/三代文字之二"。内封題"鐵雲藏陶/日本山本由定題"，内封後牌記題"抱殘守缺齋所藏三代文字之二"。

　　正文爲陶器圖片。

　　書首有光緒甲辰正月丹徒劉鐵雲序。

　　書中鈐"大倉文化財團藏書"朱印。

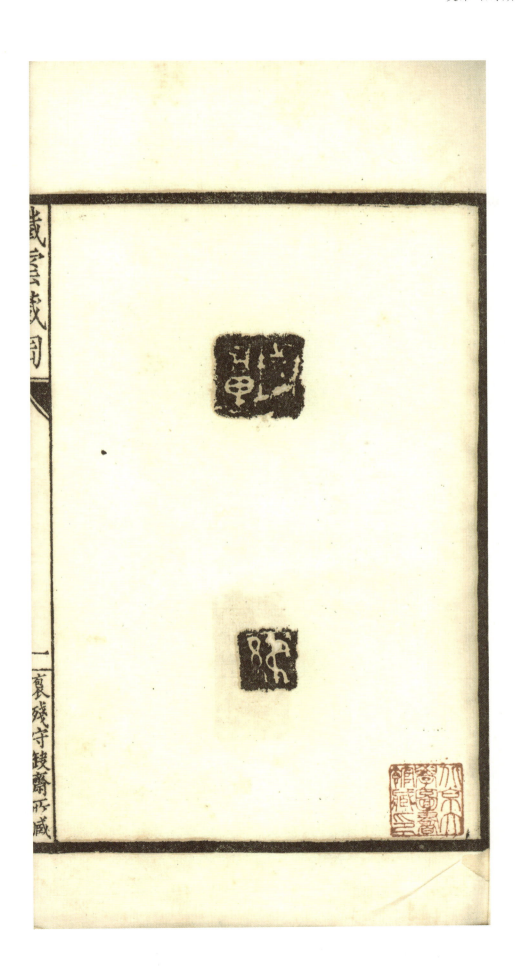

古碑釋文六輯

日本大正十四年至十五年（1925—1926）晚翠軒鉛印本

DC0576六冊

　　日本樋口勇夫著。

　　書高25.2釐米，寬16.4釐米。每半葉十一行，行二十八字，小字十五行，行四十五字。無版框欄界，書口下方記葉次。第一輯内封鐫"東京晚翠軒藏版"，旁印"大正乙丑二月開雕"，其餘各輯開雕時間各異。各輯書尾均有版權葉。

　　第一輯首葉第一行題"古碑釋文（一）"，第二行起正文。

　　書衣書籤題"古碑釋文第某"。

　　書中鈐"大倉文化財團藏書"朱印。

古碑釋文 (一)

韓勅(敕)造孔廟禮器碑

碑の高さ七尺一寸、廣さ三尺二寸、十六行、行ごとに三十六字、曲阜縣の孔廟に在り。

惟永壽二年。青龍在淉歎。霜月之靈。皇極之日。魯相河南京韓君追惟。太古華胥生皇雄。顏口育孔寶。倶制元道。百王不改。孔子近聖。爲漢定道。自天王以下至于初學。莫不驕思嘆卬師鏡。顏氏聖舅家居魯親里。幷官聖妃。在安樂里。聖族之親禮所宜異。復顏氏幷官氏邑中繇發以尊孔心念。聖歷世。

惟れ永壽二年、青龍淉歎(灘の假)に在り、霜月の靈、皇極の日、魯の相河南京の韓君追惟すらく、

史通通釋二十卷

清乾隆十七年(1752)梁溪浦氏求放心齋刻本

DC0116二函十二册

唐劉知幾撰,清浦起龍釋。

劉知幾(661—721),字子玄,彭城人。唐永隆元年進士,官至左散騎常侍。浦起龍(1679—1762),字二田,晚號三山傖父,江蘇金匱人。雍正進士,官至蘇州府學教授。

書高27.4釐米,寬17.8釐米。版框高19.1釐米,寬13.4釐米。每半葉九行,行二十二字,小字雙行,字數同。白口,左右雙邊。版心中部記"史通通釋"及卷次,下記類目,又下方記葉次,底部記篇次。內封鐫"史通通釋/梁溪浦氏求放心齋定本"。

卷一首葉第一行題"史通通釋卷一",第二、三、四行上空一格題"南杼秋浦起龍二田釋",下方空二格題"長洲方懋福駿公/同里蔡焯敦復/蔡龍孫初篁參釋",第五行起正文。

書首有浦起龍序,序後有乾隆十七年浦起龍識語,別本序三首,劉知幾撰史通原序,"史通目錄",蔡焯"史通通釋舉例",浦起龍"史通通釋舉要"。書末有附錄"新唐書劉知幾本傳增注","浦起龍書後"。

書中鈐"大倉文化財團藏書"朱印。

史通通釋卷一

南杵秋浦起龍二田釋　　　　長洲方懋福駿公

　　　　　　　　　　　　同里　蔡　焯敦復參釋

　　　　　　　　　　　　　　蔡龍孫初篁

內篇

六家第一。合起
　結共八章

自古帝王編述文籍外篇謂古今正史篇
　　　　　此二字一作史言之備矣古往
今來質文遞變諸史之作不恒厥體釋揭
　　　　　　　　　二句首提史字權出全書眼目
而爲論其流有六一曰尚書家二曰春秋家三曰左傳家
　　　　　　　　　　　　　　　　　　　　　內

史通削繁四卷

清道光十三年（1833）廣州兩廣節署刻朱墨套印本

DC0582一函四册

清浦起龍注，清紀昀删定。

紀昀（1724—1805），字曉嵐，一字春帆，晚號石雲，道號觀弈道人，直隸獻縣人。乾隆十九年進士，官至禮部尚書、協辦大學士。

書高28.5釐米，寬15.3釐米。版框高18.9釐米，寬13.1釐米。每半葉十行，行二十一字。白口，單黑魚尾，左右雙邊。魚尾上方記"史通削繁"，魚尾下方記卷次，版心下記葉次。內封正面鐫"史通削繁四卷"。內封背面鐫"道光十三年冬栞於兩廣節署"刊記。

卷一首葉第一行題"史通削繁卷一"，下小字題"浦起龍注删附"，第二行題"河間紀昀"，第三行起正文。各卷卷末鐫"嘉應廩生陳士荃校"。

書首有乾隆壬辰紀昀"史通削繁序"，道光十三年盧坤序，"史通削繁目録"。

書中鈐"大倉文化財團藏書"朱印。

史通削繁卷一 浦起龍注 刪附

河間紀昀

內篇

六家

自古帝王編述文籍外篇言之備矣古往今來質文遞變諸史之作不恆厥體摧而爲論其流有六一曰尚書家二曰春秋家三曰左傳家四曰國語家五曰史記家六曰漢書家今畧陳其義列之於後尚書家者其先出於太古至孔子觀書於周室得虞夏商周四代之典乃刪其善者定爲尚書百篇孔安國曰以其上古之書謂

史通削繁 卷一 一

三國紀年一卷

明鈔本

DC0118一册

宋陳亮撰。

陳亮（1143—1194），原名汝能，後改名陳亮，字同甫，號龍川，婺州永康人。紹熙四年進士第一，授簽書建康府判官公事，未行而卒，諡文毅。

書高27.4釐米，17.6釐米。版框高21.9釐米，15.7釐米。每半葉十行，行十八字。黑口，雙黑魚尾，四周雙邊。

卷一首葉第一行題 "三國紀年"，第二行題 "龍川陳亮同父"，第三行起正文。

書首有 "三國紀年序"，三國紀年目録。

書中鈐 "錢氏犀庵收藏"、"篤生經眼"、"教經堂錢氏章"、"犀盦藏本"、"翰林院印"（滿漢文）、"大倉文化財團藏書" 朱印。書衣鈐 "乾隆三十八年十一月浙江巡撫三寶送到范懋柱家藏/三國紀年壹部/計書壹本" 朱戳。

案語：《四庫全書總目》卷八十九 "史部·四十五·史評類·存目一" 著録底本。

三國紀年

漢昭烈皇帝　　　龍川 陳亮

陳子曰諸葛亮言昔先帝敗軍於楚當此時曹
操附手言天下已定然後先帝東連吳越西取
巴蜀舉兵北征夏疾授首此操之失計而漢事
將成也然後吳更遠盟關羽毀敗　歸蹉跌曹
丕稱帝其君臣反復於天意人事之際亦可悲
哉方漢帝以山陽公實於魏或曰崩昭烈撫膺
大慟始議舉大號尚書令劉巴主簿雅茂皆以

欽定元承華事略補圖六卷

清光緒二十二年（1896）武英殿刻本
DC0583一函二册

　　　　元王惲撰，清徐郙等補。

　　　　王惲（1228—1304），字仲謀，號秋澗，衛州汲縣人。官翰林學士、嘉義大夫。徐郙（1838—1907），字壽蘅，號頌閣，江蘇嘉定人。同治元年狀元，官兵部尚書、左都御史、協辦大學士、禮部尚書。

　　　　書高33.8釐米，寬21.3釐米。版框高24.2釐米，寬17.3釐米。每半葉十行，行二十字，小字雙行，字數同。上下粗黑口，雙黑魚尾，四周雙邊。魚尾下方記 "欽定元承華事略補圖" 及卷次，又下方記葉次。書衣籤題 "欽定元王惲承華事略補圖"。

　　　　卷一首葉為圖。

　　　　書首有徐郙等上表，"欽定承華事略補圖提要"，至元十八年王惲 "欽定元承華事略補圖原序" 兩篇，"承華事略目録"。

　　　　書中鈐 "大倉文化財團藏書" 朱印。

評鑑闡要十二卷

清乾隆三十六年（1771）刻本

DC0581一函六册

清劉統勳等纂。

劉統勳（1698—1773），字延清，號爾鈍，山東省高密縣逢戈莊人。雍正二年進士，官刑部尚書、工部尚書、吏部尚書、尚書房總師傅、內閣大學士、翰林院掌院學士及軍機大臣。

書高27.4釐米，寬16.7釐米。版框高19.3釐米，寬14釐米。每半葉九行，行十七字，白口，單黑魚尾，四周雙邊。魚尾上方記"評鑑闡要"，魚尾下方記卷次及朝代，又下方記葉次。

卷一首葉第一行題"評鑑闡要卷一"，第二行起正文。

書首有乾隆丁亥御筆"通鑑輯覽序"，乾隆三十六年劉統勳等奏摺，"評鑑闡要目録"。

書中鈐"大倉文化財團藏書"朱印。

評鑑闡要卷之一

太昊伏羲氏

始教民佃漁畜牧綱

君民之道莫大乎教養伏羲氏作佃漁畜牧
皆所以為養也而教即行其中後世視教養
為二者去古遠矣

炎帝神農氏

始教民藝五穀目

今之民即古之民古之民茹毛飲血初不知

子部

新書十卷

明正德乙亥（十年，1515）吉府刻本
DC0120一函四册

漢賈誼撰。

賈誼（前200—前168），洛陽人。文帝時超遷至太中大夫，後貶為長沙王太傅，繼為梁懷王太傅。

書高26.9釐米，寬18.4釐米。版框高22.6釐米，寬15釐米。每半葉八行，行十八字。粗黑口，雙黑魚尾，四周雙邊。版心中部記卷次葉次。書函書籤墨題"正德本賈子新書"。書末有"正德乙亥吉府重刻"牌記。

卷一首葉第一行題"新書卷第一"，第二行題"漢長沙太傅賈誼撰"，第三行起正文。

書首有正德九年黃寶"賈太傅新書序"，賈誼新書目錄。書末有淳熙辛丑胡价跋，正德乙亥楊節跋。

書中鈐"虞山錢曾遵王藏書"、"篤生經眼"、"張氏珍藏"、"宣州張氏藏書"、"大倉文化財團藏書"朱印。

新書卷第一

過秦上事勢

漢長沙太傅賈誼撰

秦孝公據殽函之固擁雍州之地君臣固守以
窺周室有席卷天下包舉宇內囊括四海之意
并吞八荒之心當是時也商君佐之內立法度
務耕織脩守戰之具外連衡而鬥諸侯於是秦
人拱手而取西河之外孝公既沒惠文武昭襄

鹽鐵論十卷

日本天明七年（1787）東都書林須原屋伊八青藜閣刻本

DC0585一函六冊

漢桓寬撰，明張之象註。

桓寬，生卒年不詳，字次公，漢汝南郡人。官至廬江太守丞。

張之象（1496—1577），字月鹿，又字玄超，松江府人。太學生，授浙江布政司經歷，不久棄官歸里。

書高25.6釐米，寬17釐米。版框高17.4釐米，寬14.6釐米。無行欄。每半葉九行，行十七字，小字雙行，字數同，字旁有日文訓讀。白口，單線魚尾，四周單邊。魚尾下記“鹽鐵論”及卷次，又下方記葉次。書衣書籤印“鹽鐵論”。內封鐫“寶永戊子開刊／漢桓寬著明張之象註／鹽鐵論／京師書坊林義端繡梓”，鈐“文會堂”印記。書末有天明七年刊記。

卷一首葉第一行題“鹽鐵論卷之一”，第二行題“漢汝南桓寬撰”，第三行題“明雲間張之象註”，第四行起正文。

書首有寶永四年元次“新刊鹽鐵論序”，嘉靖癸丑張之象“鹽鐵論序”，“鹽鐵論目録”。書末有寶永戊子伊藤長胤“書鹽鐵論後”，青藜閣藏版書目録。

首冊序、卷一至二配寶永戊子京師書坊林義端刻本。

函套內貼書籤墨書“鹽鐵論藤田東湖先生手澤本”，鈐“松雲堂印”朱印。首冊書衣書籤墨題“鹽鐵論一之二”。書根墨書“鹽鐵論”及冊次。書中鈐“青藍舍印”、“大倉文化財團藏書”朱印。

鹽鐵論卷之一

漢　汝南桓寬　撰

明　雲間張之象　註

本議第一

惟始元六年。有詔書使丞相御史與所

舉賢良文學語問民間所疾苦

即位六年詔郡國舉賢良文學之士問以

民所疾苦教化之要車千秋傳曰武帝疾

立皇子鉤弋夫人男為太子拜大將軍霍

光車騎將軍金日磾御史大夫桑弘羊及

丞相千秋並受遺詔輔道少主武帝崩昭

帝初即位未任聽政政事壹決大將軍光

小學六卷

日本武樹市兵衛同佐兵衛刻本

DC0587二册

宋朱熹輯，日本山崎嘉點。

書高27.6釐米，寬19.1釐米。版框高22.3釐米，寬16.9釐米。每半葉八行，行十六字，小字雙行，字數同，字旁有日文訓讀。白口，雙黑魚尾，四周單邊。上魚尾上記"倭板小學"，下記篇目及細目，又下方記葉次。下魚尾下記"山崎嘉點"。書末左下小字鐫"書肆大坂/洛陽武樹市兵衛/同佐兵衛"。

卷一首葉第一行題"小學內篇"，第二行下題"立教第一"，第三行起正文。

書首有淳熙丁未晦菴"小學序"，《小學》題辭。

書中鈐"南吉田藏書"、"大倉文化財團藏書"朱印。

小學內篇

立教第一

子思子曰天命之謂性率性之謂道脩
道之謂教則天明遵聖法述此篇俾為
師者知所以教而弟子知所以學

列女傳曰古者婦人妊子寢不側坐不邊
立不蹕不食邪味割不正不食席不正不
坐目不視邪色耳不聽淫聲夜則令瞽誦

又一部

DC0588二冊

　　書高26.5釐米，寬19.1釐米。版框高22.2釐米，寬17.2釐米。

　　書衣貼紙籤墨書“三一三”，鈐“壽”朱印。書中鈐“南吉田藏書”、“大倉文化財團藏書”朱印。

小學內篇

立教第一

子思子曰天命之謂性率性之謂道脩
道之謂敎則天明遵聖法述此篇俾爲
師者知所以敎而弟子知所以學
列女傳曰古者婦人妊子寢不側坐不邊
立不蹕不食邪味割不正不食席不正不
坐目不視邪色耳不聽淫聲夜則令瞽誦

朱子語類一百四十卷正偽一卷記疑一卷

清光緒二年（1876）傳經堂刻本

DC0591六夾板四十八册

宋朱熹撰，宋黎靖德編。

黎靖德，生卒年不詳，永嘉縣人。嘉祐間任沙縣主簿。

書高29.1釐米，寬17.3釐米。版框高19釐米，寬13.9釐米。每半葉十二行，行二十四字。上下黑口，雙花魚尾，四周雙邊。上魚尾下方記"朱子語類"及卷次，下魚尾下記葉次，版心下正面記"傳經堂藏書"。書衣書籤印"朱子語類全集"。木夾板書籤印"朱子語類"。內封鎸"朱子語類大全一百四十卷"，內封後牌記鎸"光緒二年丙子正月壬子校刊"。

卷一首葉第一行題"朱子語類卷第一"，第二行起正文。

書首有光緒庚辰賀瑞麟序，"朱子語類門目"，"朱子語類序目"。

書中鈐"大倉文化財團藏書"朱印。

案語：正文百四十卷用康乾間翻刻石門呂氏天蓋樓舊版修補。

朱子語類卷第一

理氣上

太極天地上

問太極不是未有天地之先有箇渾成之物是天地萬物之理總名否曰太極只是天地萬物之理在天地言則天地中有太極在萬物言則萬物中各有太極未有天地之先畢竟是先有此理動而生陽亦只是理靜而生陰亦只是理問太極解何以先動而後靜先用而後體先感而後寂曰在陰陽言則用在陽而體在陰然動靜無端陰陽無始不可分先後今只就起處言之畢竟動前又是靜用前又是體感前又是寂陽前又是陰而寂前又是感將何者爲先後不可只道今日動便爲始而昨日靜更不說也如鼻息言呼吸則

朱子語頪卷一　　一

傳經堂藏書

淵鑒齋御纂朱子全書六十六卷

清康熙五十三年(1714)武英殿刻本
DC0589四函二十五册

　　書高30.5釐米，寬17釐米。版框高19釐米，寬14釐米。每半葉九行，行二十字。白口，單黑魚尾，四周單邊。魚尾上方記“朱子全書”，魚尾下記卷次及類目、細目，又下方記葉次。

　　卷一首葉第一行題“淵鑒齋”，第二行題“御纂朱子全書卷一”，第三行起正文。

　　書首有康熙五十二年“御製朱子全書序”，康熙五十三年李光地進表，《御纂朱子全書》承修校對監造諸臣職名，《淵鑒齋御纂朱子全書》凡例，《淵鑒齋御纂朱子全書》目録。

　　原書根籤條題“子部/朱子全書某函某册/半畝園嫏嬛妙境藏書”，子部下鈐“庚”、“亥”朱印。

　　書中鈐“大倉文化財團藏書”朱印。

御纂朱子全書卷一

學一

小學

古者初年入小學只是教之以事如禮樂射御書數

及孝弟忠信之事自十六七入大學然後教之以

理如致知格物及所以為忠信孝弟者。

古人小學養得小兒子誠敬善端發見了然而大學

等事小兒子不會推將去所以又入大學教之

又一部

DC0590四函二十五册

書高28釐米，寬17.3釐米。版框高19.1釐米，寬13.9釐米。書中鈐“大倉文化財團藏書”朱印。

淵鑒齋

御纂朱子全書卷一

學一

　小學

古者初年入小學只是教之以事如禮樂射御書數。
及孝弟忠信之事自十六七入大學然後教之以
理。如致知格物及所以爲忠信孝弟者。

古人小學養得小兒子誠敬善端發見了然而大學
等事小兒子不會推將去所以又入大學教之。

朱子全書　卷一學一　小學　一

慈溪黃氏日抄分類九十七卷古今紀要十九卷

清乾隆三十二年(1767)新安汪佩鍔刻本

DC0124四函二十四册

宋黃震編輯。

黃震(1213—1281),字東發,門人私諡文潔先生,浙江慈溪人。宋寶祐四年進士,官至浙東提舉,宋亡後隱居不出。

書高29.5釐米,寬18.8釐米。版框高19.8釐米,寬13.2釐米。每半葉十四行,行二十六字,小字雙行,字數同。上下細黑口,雙黑魚尾,四周雙邊。上魚尾上方記"黃氏日抄",下方記細目及卷次,下魚尾下方記葉次;上魚尾下偶刻紋飾,而不記細目及卷次。

卷一首葉第一行題"慈溪黃氏日抄分類卷一",第二行題"慈溪黃震東發編輯",第三行起正文。

書首有至元三年廬江沈逵撰"黃氏日抄序","慈溪黃氏日抄分類目録"。

書中鈐"同陸齋珍藏書畫圖章"、"大倉文化財團藏書"朱印。

案語:此本闕乾隆三十二年汪佩鍔"黃氏日抄紀要序"。

慈溪黃氏日抄分類卷之一

慈溪黃 震 東發 編輯

讀孝經

漢興河間人顏芝之子得孝經十八章是為今文孝經（魯恭王

壞孔子屋壁得孝經二十二章是為古文孝經鄭康成諸儒主

今文孔安國馬融主古文而今文獨行唐明皇詔議二家孰從

劉知幾謂宜行古文諸儒爭之卒亦行今文明皇自註孝經遂

用今文十八章者為定本我朝（司馬溫公）在秘閣始專主古文

孝經作為指解而上之至以世俗信為疑真為言愚按孝經一

耳古文今文特所傳微有不同如首章今文云仲尼居魯子侍

古文則云仲尼間居魯子侍坐今文云子曰先王有至德要道

古文則云子曰參先王有至德要道今文云夫孝德之本也教

之所由生也古文則云夫孝德之本也教之所由生文之或增或

減不過如此於大義固無不同至於分章之多寡今文三才章

顧端文公遺書十二種附年譜四卷彈指詞二卷

清康熙遞刻本

DC0121一函六册

明顧憲成撰。

顧憲成（1550—1612），字叔時，別號涇陽先生，因修復東林書院而被人尊稱"東林先生"。無錫人。萬曆八年進士，官至吏部文选司郎中。卒諡端文。

書高25.2釐米，寬16.7釐米。版框高17.4釐米，寬13.8釐米。每半葉十二行，行二十二字。黑口，雙黑魚尾，左右雙邊。上魚尾下方記類目，下魚尾下方記葉次。內封鐫"顧端文公遺書"。

書中年譜後有康熙歲次戊寅張純修序，《理學宗傳》顧憲成傳，傳後附顧貞觀識語。

書根墨題"顧端文公遺書"及子目。

書中鈐"方功惠藏書印"、"巴陵方氏碧琳瑯館藏書之印"、"方家書庫"、"大倉文化財團藏書"朱印。書衣鈐"四庫附存本"、"巴陵方氏藏書"朱印。

子目：

顧端文公東林會約一卷	志矩堂商語一卷
小心齋劄記十八卷	證性編六卷
還經錄一卷	當下繹一卷
東林商語二卷	自反錄一卷
虞山商語三卷	附
仁文商語一卷	顧端文公年譜四卷　清顧樞編　清顧貞觀訂補
南岳商語一卷	彈指詞二卷　清顧貞觀撰
經正堂商語一卷	

顧端文公東林會約

卵允戌涇凡叅　　後學高攀龍　劉元珍
　　　　　　　　門人史孟麟　安希范　仝訂

愚惟孔子萬世斯文之主凡言學者必宗焉善學孔子
則顏曾思孟其選也是故欲觀孔子之所以學與顏曾
思孟之所以善學孔子當於其渾然者矣其渾然者不
可得而見也當於其燦然者矣其燦然者又不可得而
悉也於是擬其要而表之謹列如左

孔子
吾道一以貫之
吾十有五而志於學三十而立四十而不惑五十而知天
命六十而耳順七十而從心所欲不踰矩

御纂性理精義十二卷

清康熙五十六年（1717）內府刻本
DC0594一函五冊

清李光地等編校。

書高30.5釐米，寬19.6釐米。版框高22.3釐米，寬16.1釐米。每半葉八行，行十八字，小字雙行，行二十二字。白口，單黑魚尾，四周雙邊。魚尾上方記"御纂性理精義"，下方記卷次及細目，又下方記葉次。

卷一首葉第一行題"御纂性理精義"，第二行起正文。

書首有康熙五十六御製序，康熙五十四年李光地進書表，"纂修職名"，"先儒姓氏"，"御纂性理精義凡例"，"御纂性理精義目録"。

書中鈐"大倉文化財團藏書"朱印。

御纂性理精義卷第一

太極圖　周子作　朱子註

朱子曰河圖出而八卦畫洛書呈而九疇敘而孔子於

斯文之興喪亦未嘗不推之於天自周衰孟軻氏沒而

此道之傳不屬更秦及漢歷晉隋唐以至於我有宋五

星集奎實開文明之運而先生出焉不由師傳默契道

體而推明之使夫天理之當然人見而知之有程氏兄

大建圖屬書根極領要當時見而知之者遂擴神

之幽莫不洞然畢貫於一而周公孔子孟氏之傳煥然

復明於當世有志之士得以探討服行而不失其正如

出於三代之前者嗚呼盛哉非天所畀其孰能與於此

又曰先生之學其妙具於太極一圖通書之言皆所以

此圖之蘊而程先生兄弟語及之際亦未嘗不因

其說觀通書之誠動靜理性命等章及程氏書李仲通

欽定執中成憲八卷

清乾隆元年（1736）內府刻本

DC0597一函四冊

清世宗敕撰。

清世宗（1678—1735），姓愛新覺羅氏，諱胤禛。清代第五位皇帝，年號雍正，在位十三年。

書高27.2釐米，寬16.1釐米。版框高19.9釐米，寬15.4釐米。每半葉八行，行二十字。白口，單黑魚尾，四周雙邊。魚尾上方記"欽定執中成憲"，下方記卷次，又下方記葉次。

卷一首葉第一行題"欽定執中成憲卷之一"，第二行起正文。

書首有乾隆元年御製序。

書中鈐"大倉文化財團藏書"朱印。

欽定執中成憲卷之一

唐帝堯

書稽于衆舍己從人不虐無告不廢困窮惟帝時
克

論語堯曰咨爾舜天之曆數在爾躬允執其中

六韜帝堯王天下之時吏忠正奉法者尊其位廉

潔愛人者厚其祿民有孝慈者愛敬之盡力農桑

者慰勉之旌別淑慝表其門閭平心正節以法度

日知薈說四卷

清乾隆元年（1736）蘇州刻本

DC0596一函四册

　　清高宗撰。

　　書高27.1釐米，寬17.2釐米。版框高18.7釐米，寬14釐米。每半葉七行，行十八字。白口，單黑魚尾，四周雙邊。魚尾上方記“日知薈說”，下方記卷次，又下方記葉次。

　　卷一首葉第一行題“日知薈說卷一”，第二行起正文。

　　書首有乾隆元年御製“日知薈說序”，“日知薈說目録”。書末有乾隆元年鄂爾泰跋，乾隆元年張廷玉跋，乾隆元年朱軾跋，乾隆元年福敏跋，乾隆元年邵基跋，乾隆元年楊名時跋，“恭刊諸臣職名”。

　　書中鈐“大倉文化財團藏書”朱印。

日知薈說卷一

天有四德以化生萬物而元為長聖人有五常
以財成輔相而仁為首非元則萬物不得其生
也非仁則萬物不得其育也聖人之化成天下
亦不過宅吾身於仁之中而即用此仁以仁天
下耳非別有一仁以為用也惟其一仁之所流
貫故能徧覆包涵運量萬物而有餘不然者挾

重刻武經七書二十五卷

民國丙寅（十五年，1926）皕忍堂刻本
DC0598一函四册

書高32.8釐米，寬21.1釐米。版框高20.8釐米，寬16.1釐米。每半葉八行，行十七字。白口，無魚尾，左右雙邊。版心上記子目名，下記卷次，又下方記葉次，版心下記"皕忍堂"。函套書籤題"皕忍堂重刻武經七書"。書衣書籤題"重刻武經七書"。内封鎸"重刻武經七書"，内封背面刻子目目録。《六韜》内封鎸"六韜"，内封背面牌記鎸"歲次丙寅皕忍堂刊"。

第一種卷一首葉第一行題"六韜卷第一"，第二行起正文。

書首有"皕忍堂重刻武經七書緣起"，"四庫全書總目子目各書提要"。

書中鈐"大倉文化財團藏書"朱印。

子目：

六韜六卷

孫子三卷

吳子二卷

司馬灋三卷

尉繚子五卷

黄石公三畧三卷

唐太宗李衛公問對三卷

六韜卷第一

文韜

文師

文王將田史編布卜曰田於渭陽將大得焉
非龍非彲非虎非羆兆得公侯天遺汝師以
之佐昌施及三王文王曰兆致是乎史編曰
編之太祖史疇爲舜占得皐陶兆比於此文
王乃齋三曰乘田車駕田馬田於渭陽卒見

六韜　卷一　　一百公

農桑輯要七卷

清乾隆武英殿聚珍本

DC0131四册

元司農司輯。

書高27.6釐米, 寬16.9釐米。版框高19.4釐米, 寬12.5釐米。每半葉九行, 行二十一字, 小字雙行, 字數同。白口, 單黑魚尾, 四周雙邊。魚尾上方記 "農桑輯要", 下方記卷次及葉次, 版心下背面記校者姓名。目録題名下印 "武英殿聚珍版"。

卷一首葉第一行題 "農桑輯要卷一", 第二行題 "元司農司撰", 第三行起正文。

書首有乾隆甲午仲夏 "御製題武英殿聚珍版十韻有序", 至元癸酉歲季秋中旬日翰林學士王磐 "農桑輯要原序", "農桑輯要目録", 目録後有乾隆三十八年紀昀等校上案語。

書中鈐 "大倉文化財團藏書" 朱印。

農桑輯要卷一

元 司農司 撰

典訓

　農功起本

周書曰神農之時天雨粟神農遂耕而種之　白虎通

古之人民皆食禽獸肉至於神農因天之時分地之利

制耒耜教民農作神而化之使民宜之故謂之神農

典語神農嘗草別穀烝民乃粒食　世本倕作耒耜

神農之臣也　周本紀棄爲兒時其遊戲好種樹麻菽

農書二十二卷

清乾隆武英殿聚珍本

DC0130一夾板六册

元王禎撰。

王禎（1271—1368），字伯善，東平人。曾任宣州旌德縣縣尹及信州永豐縣縣令。

書高27.9釐米，寬16.3釐米。版框高19.1釐米，寬12.7釐米。每半葉九行，行二十一字，小字雙行，字數同。白口，單黑魚尾，四周雙邊。魚尾上方記"農書"，下方記卷次及葉次。

卷一首葉第一行題"農書卷一"，第二行題"元王禎撰"，第三行起正文。

書首有乾隆甲午仲夏"御製題武英殿聚珍版十韻有序"，"欽定四庫全書/農書提要"，皇慶癸丑三月望日東魯王禎"農書原序"。

書根墨題"武英殿聚珍版農書"及册次。書中鈐"揚州阮氏琅嬛僊館藏書印"、"大倉文化財團藏書"朱印，"文選樓"墨印。

案語：書經重裝，襯葉用萬年紅紙。

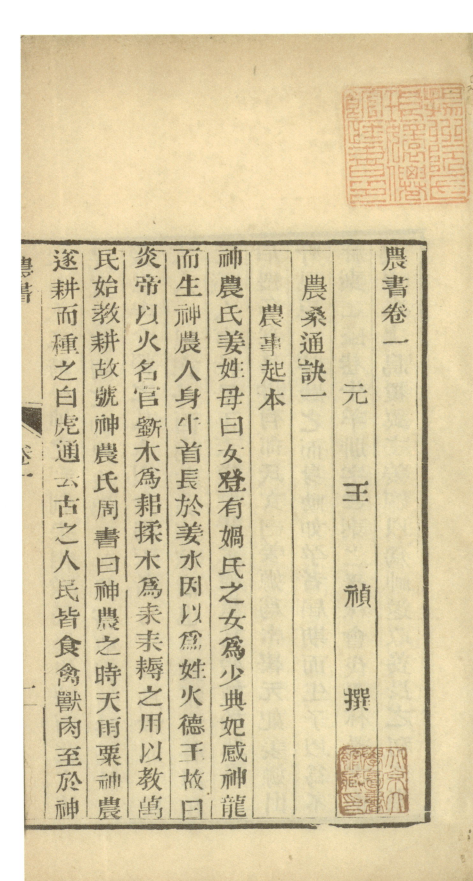

農書卷一

元 王 禎 撰

農桑通訣一

農事起本

神農氏姜姓母曰女登有媧氏之女為少典妃感神龍
而生神農人身牛首長於姜水因以為姓火德王故曰
炎帝以火名官斷木為耜揉木為耒耒耜之用以教萬
民始教耕故號神農氏周書曰神農之時天雨粟神農
遂耕而種之白虎通云古之人民皆食禽獸肉至於神

大德重校聖濟總録二百卷

日本文化十三年（1816）日本東都醫學活字本

DC0132 十二函一百册

宋政和間奉敕纂。

書高29.3釐米，寬19.8釐米。版框高22.3釐米，寬16釐米。每半葉十行，行二十一字。白口，無魚尾，四周單邊。版心上方記"總録"及卷次，版心下方記葉次。書衣書籤題"聖濟總録"。内封鐫"大日本文化癸酉/元大德槧本/聖濟總録/醫學聚珍版"。

卷一首葉第一行題"大德重校聖濟總録卷第一之上"，第二行起正文。

書首有文化十一年東都侍醫兼醫學提舉司杉本良仲温撰"聚珍版聖濟總録序"，刊印人名録，大德四年集賢學士嘉議大夫典瑞少監焦養直撰"大德重校聖濟總録序"，"總録序後"，"政和聖濟總録序"，"大德重校聖濟總録目録"。書末有大德二年開雕各官人名録，文化十三年東都醫學印行在局醫官姓氏。

書中鈐"錦縣樊鴻錫所藏佳書印"、"栖原垣内孫左衛門藏書之印"、"大倉文化財團藏書"朱印。

大德重校聖濟總錄卷第一之上

運氣

甲子　乙丑

丙寅　丁卯

戊辰　己巳

庚午　辛未

壬申　癸酉

總錄一之二

重刊經史證類大全本草三十一卷

明萬曆庚子（二十八年，1600）籍山書院刻本
DC0602二函十冊

宋唐慎微撰。

唐慎微（1056—1136），字審元，宋華陽人。

書高30.2釐米，寬19.1釐米。版框高25.2釐米，寬17.2釐米。每半葉十二行，行二十三字。白口，雙白魚尾，四周雙邊。魚尾間記"本草"及卷次，下魚尾下記葉次，版心下或記字數刻工名。書首序後有牌記"大德壬寅孟春/宗文書院刊行"，卷三十一後有牌記"萬曆庚子歲秋月重鋟于籍山書院"。

卷一首葉第一行題"重刊經史證類大全本草卷之一"，第二行題"知南陵縣事楚武昌後學朱朝望重梓"，第三行題"春穀義民王秋原刊"，第四行題"庠生王大獻/引禮程文繡全校"，第五行起正文。

書首有萬曆丁丑梅守德"重刻本草序"，大觀二年艾晟"經史證類大觀本草序"，政和六年付寇宗奭劄，嘉祐間補注本草奏勅，"重刊經史證類大全本草目錄"。書末有萬曆丁丑王大獻"重刊本草後序"。

書中鈐"願學堂圖珍藏書畫圖章"、"孔繼涵印"、"荭谷"、"成菴"、"願學堂圖書記"、"大倉文化財團藏書"朱印。

重刊經史證類大全本草卷之一

知南陵縣事楚武昌後學朱朝望 重挍

春毅義民王秋 原刊

庠生王大獻 引禮程文緯 仝校

○序例上

補注總叙

舊說本草經神農所作而不經見漢書藝文志亦無録焉平

帝紀云元始五年舉天下通知方術本草者在所為駕一封

軺傳遣詣京師樓護傳稱護少誦醫經本草方術數十萬言

本草之名蓋見於此而英公李世勣等注引班固叙黃帝内

外經云本草石之寒温原疾病之深淺此乃論經方之語而

無本草之名惟梁七録載神農本草三卷推以為始斯為失

臨證指南醫案十卷種福堂公選良方四卷

清道光甲辰（二十四年，1844）蘇州經鉏堂朱墨套印本

DC0603二函十二冊

清葉桂著。

葉桂（1667—1746），字天士，江蘇吳縣人。先世自歙遷吳，祖時、父朝采，皆精醫。

書高28.7釐米，寬17.5釐米。版框高20.1釐米，寬14.8釐米。無行欄。每半葉十行，行二十二字，小字雙行，字數同。白口，單黑魚尾，左右雙邊。魚尾上方記"臨證指南醫案"，魚尾下記卷次及類目，又下記葉次，版心下記"經鉏堂藏板"。書衣鈐"書業興記圖書"朱印。內封鐫"臨證指南醫案評本"，內封背面有牌記"道光甲辰仲冬/蘇州經鉏堂刊/澂菴題"，鈐"醫案正續全部發價五洋"朱印。《種福堂公選良方》內封刻"臨證指南溫熱論附選良方"，內封背面有牌記"道光丙午孟秋蘇州經鉏堂刊澂菴題"。

卷一首葉第一行題"臨證指南醫案卷一"，下空四格題"苕溪漫士臨本"，第三行空一格題"古吳葉桂天士先生著"，第二至四行題"澂關李大瞻翰圃/錫山華南田岫雲同較/邵銘新甫"，第五行起正文。

書首有乾隆二十九年李治運序，乾隆丙戌稽璜序，乾隆丙戌李國華識語，乾隆丙戌高梅序，乾隆三十一年華岫雲序，乾隆丙戌邵新甫序，"臨證指南醫案總目"，凡例。《種福堂公選良方》書首有乾隆四十年杜玉林序。

書中鈐"苕溪漫士過本"、"大倉文化財團藏書"朱印。

臨證指南醫案卷一

丁丑正月茗溪漫士臨本

許闈李大瞻翰圃

錫山華南田岫雲同較

邵銘新甫

古吳葉 桂天士先生著

案中著點者標
出病症所在與
方之合否相對
方合者圈不合
者豎

中風

肝腎虛
內風動

錢

偏枯在左血虛不縈筋骨內風襲絡脈左緩大。

此方平穩、並、蒸、用、補熱之辨

製首烏四兩烘　枸杞子二兩去蒂　歸身二兩用獨枝者去梢

淮牛膝二兩蒸　明天麻麪煨　三角胡麻二兩打碎水

黃甘菊三兩水　川石斛四兩煎汁　小黑豆皮四兩煎汁

煎汁

臨證指南醫案　卷一　中風　一　經鉏堂

滿洲國大同三年時憲書

民國二十三年(1934)僞滿洲國國務院鉛印本

DC0604一册

　　僞滿洲國實業部編纂。

　　書高26.7釐米，寬16.7釐米。版框高17.6釐米，寬12.1釐米。書衣書籤題"滿洲國大同三年時憲書"。內封印"國務院頒行/滿洲國大同三年歲次甲戌時憲書/實業部編纂"。書末題"大同三年一月一日"，鈐"國務院印"朱印。

　　書中鈐"大倉文化財團藏書"朱印。

大同三年

元旦

日出兩七時三分
日入後四時一五分

	陽 大同三年 曆一月大	陰 十一月乙丑小 奎宿 曆 十二月丙寅大 值月	小寒以後 黃綠紫 碧白赤 白白黑

一日月　天嘉　十一月十六日壬申金畢成　宜　祭祀祈福求嗣會親友結婚姻納采問名解除裁衣築堤防納財補垣塞穴牧養

二日火　母倉 金堂 陰神 明堂 鳴吠　十一月十七日癸酉金觜收　宜　祭祀沐浴剃頭整手足甲掃舍宇捕捉畋獵

三日水　月恩 四相 時陽 生氣　十一月十八日甲戌犬參開　宜　產室開渠穿井安碓磑栽種牧養納畜

四日木　四相 王日　十一月十九日乙亥火鬼閉

五日金　月空 官日 敬安 金匱　十一月二十日丙子水柳建　宜　祭祀沐浴掃舍宇

六日土　不將 守日 要安　十一月二十一日丁丑水張滿　宜　祭祀

七日日　時德 相日 吉期 季　十一月二十二日戊寅土星除（小寒）

八日月　天恩 不將 金堂　十一月二十三日己卯土翼平

九日火　天恩　十一月二十四日庚辰金軫平（下弦）　宜　祭祀平治道塗

十日水　天德 不將 天馬　十一月二十五日辛巳金角親

十一日木　天恩 敬安 解神 鳴吠　十一月二十六日壬午木亢親　宜　沐浴剃頭整手足甲伐木捕捉畋獵

十二日金　天恩 普護　十一月二十七日癸未木氐定　宜　祭祀破屋壞垣

十三日土　鳴吠　十一月二十八日甲申水亢破

十四日日　天喜 天醫　十一月二十九日乙酉水房危　宜

觀我生室彙稿十二種

清道光七年至咸豐元年（1827—1851）甘泉羅氏遞刻本

DC0133四帙十六冊

清羅士琳編輯。

羅士琳（1789—1853），字次璆，號茗香、甘泉人，安徽歙縣人。

書高28.2釐米，寬17.6釐米。版框高20.4釐米，寬14.1釐米。每半葉八行，行二十四字。小字雙行，字數同。上下粗黑口，雙黑魚尾，四周雙邊。上魚尾下方記子目簡名、卷次及葉次。內封鐫"觀我生室彙稿"，內封背面記子目，末署"商城石卿楊鐸署檢"。

書中鈐"大倉文化財團藏書"朱印。

子目：

句股容三事拾遺三卷附存一卷　清羅士琳撰　清道光八年刻本

三角和較算例一卷　清羅士琳撰　清道光二十六年刻本

演元九式一卷　清羅士琳撰　清道光八年刻本

臺錐積演一卷　清羅士琳撰　清道光十七年刻本

弧矢算術補一卷　清羅士琳撰　清道光二十三年刻本

周無專鼎銘攷一卷　清羅士琳考演　清道光二十二年刻本

割圜密率捷法四卷　清明安圖撰　清陳際新續　清道光十九年刻本

四元玉鑑細草二十四卷　元朱世傑編述　清道光十六年刻本

四元釋例二卷　清易之瀚撰　清道光十六年刻本

新編算學啟蒙三卷　元朱世傑編撰　清道光十九年刻本

疇人傳四十六卷　清阮元撰　揚州阮氏琅嬛僊館刻本

續疇人傳六卷　清羅士琳續編　清道光二十年刻本

案語：附在《疇人傳》後，為卷四十七至五十二。

句股容三事拾遺卷首

圖式

廿泉羅士琳譔

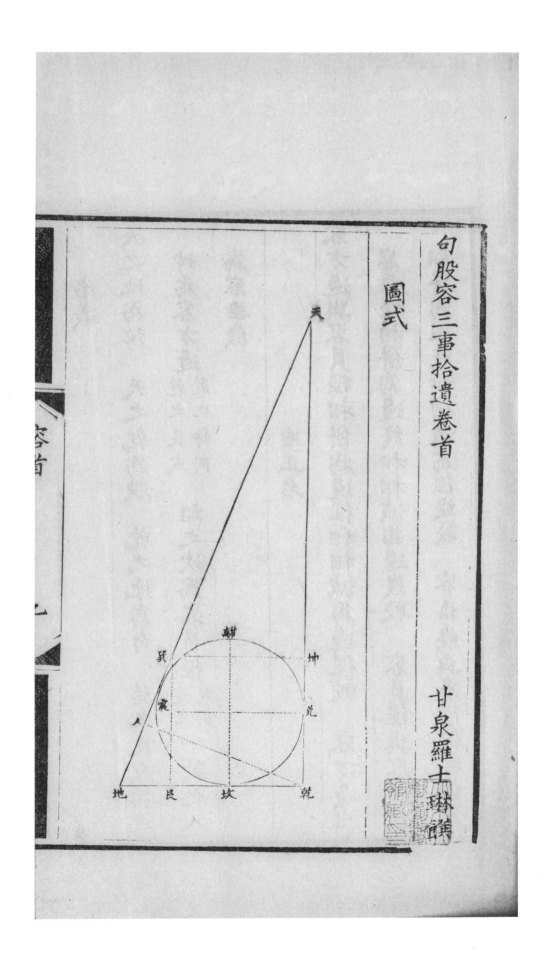

相雨書一卷

清光緒桐廬袁氏刻漸西村舍叢刻本

DC0605一冊

唐黃子發撰。

書高26.2釐米，寬16.3釐米。版框高19.2釐米，寬14.8釐米。每半葉十行，行二十一字。上粗黑口，單黑魚尾，左右雙邊。魚尾下記“相雨書卷全”，又下記葉次，版心下記“漸西村舍”。書衣書籤題“黃子發相雨書”。

書末有大德八年方回序。

書中鈐“大倉文化財團藏書”朱印。

相雨書卷全

唐　　　　黃子發　撰

候氣

凡有珥者狂風迅起在日爲風在月有雨五緯生珥大

雨滂沛者二十日

候申後日有珥者雨在次後一日

候日暈午刻前暈者風起正北方午刻後暈者有大風

發屋拔木風從暈門處來

視日出氣正白日入氣正赤者皆走石飛沙

日入有光燭天者晝夜連陰二十日

相雨書卷全　　　　　　　　　　　　　一　漸西村舍

御製天元玉曆祥異賦不分卷

明紅絲欄彩繪鈔本
DC0606二夾板十册

明仁宗御撰。

明仁宗（1378—1425），姓朱氏，諱高熾。在位一年，年號洪熙。

書高32釐米，寬17.6釐米。版框高22.7釐米，寬14.5釐米。每半葉十一行，行十一至十三字不等。白口，雙紅魚尾，四周雙邊。

正文分上下兩欄，上圖下文。

書首有洪熙元年"御製天元玉曆祥異賦序"，"天文祥異賦占行軍"八葉，"天元玉曆祥異賦目録"。

書中鈐"宮保之孫"、"養素軒藏書"、"張氏家藏"、"大倉文化財團藏書"朱印。

天地

朱文公曰

惟天爲大惟君爲尊政教

兆於人理祥變見放天文行

有玷缺則日象顯示天有妖

尊乎則德而日新確乎在上而

晶明者天地之體也魄乎在

下而安靜者地之形云

六壬不分卷

清初朱墨鈔本

DC0607一函四册

書高20.8釐米，寬14.1釐米。每半葉八行，行二十三字。

書中鈐"乾隆御覽之寶"、"大倉文化財團藏書"朱印。

寅甲

伏吟
去胎
它勾白
它

青寅甲　申酉戌亥
它寅寅　未　子　去投空谷
青朱后　巳午午　午　丑　馬載席鬼
青　午午　巳辰邜寅　末后相逐

祿臨干癸用宜靜守妄動則投中巳之空脱又進逢席鬼

乘馬動則有咎春占成事餘賞力乃折腰之体事逢中止

賓主不投刑在上三刑入傳末鬼克干幸初傳一德扶身百

禍皆消、畫貴凡謀不成病訟亦凶夜青春占有喜　午丁

白席馴馬訟訟罪流遠方

欽定協紀辨方書三十六卷

清刻朱墨套印本

DC0608二函十五册

清允祿等奉敕撰。

書高28.1釐米，寬17釐米。版框高20.6釐米，寬14.8釐米。每半葉九行，行二十字。白口，單黑魚尾，四周雙邊。版心上方記"欽定協紀辨方書"，魚尾下方記卷次及類目，版心下方記葉次。

卷一首葉第一行題"欽定協紀辨方書卷一"，第二行起正文。

書首有乾隆六年"御製協紀辨方書序"，職名，目錄，奏議。

書中鈐"大倉文化財團藏書"朱印。

案語：據乾隆六年武英殿刻本翻刻。

欽定協紀辨方書卷一

本原一

朱子曰本圖書原卦畫陰陽家者流其亦衷諸此也

作本原

　河圖

　洛書

　先天八卦次序

　先天八卦方位

　後天八卦次序

王氏書苑十卷補益十二卷王氏畫苑十卷

明萬曆刻本

DC0135四帙三十册

明王世貞編，明詹景鳳補編。

王世貞（1526—1590），字元美，號鳳洲，又號弇州山人，江蘇太倉人。官至刑部尚書。

詹景鳳（1532—1602），字東圖，號白嶽山人，又號大龍宫客等，安徽休寧縣人。官至廣西平樂府通判。

書高25.2釐米，寬15.9釐米。版框高20.1釐米，寬14釐米。每半葉十行，行二十字，小字雙行，字數同。白口，單黑魚尾，左右雙邊。魚尾上方記"王氏書苑"，魚尾下方記卷次及葉次。《王氏畫苑》目録後鎸"金陵徐智督刊"。

卷一首葉第一行題"法書要録卷第一"，第二行題"唐河東張彦遠集"，第三行起正文。目録首葉第一行題"上五卷目録"，第二、三行題"皇明朱衣／姚汝循同校"，第四行起正文。

《書苑》書首有王世貞撰"古法書苑小序"，"古今法書苑序"，張彦遠"書法要録序"，目録。

《書苑補益》書首有萬曆十九年詹景鳳"題詞"。

《畫苑》書首有王世貞"重刻古畫苑選小序","古今名畫苑序","王氏畫苑目録"。(案語:"王氏畫苑目録"僅列四卷,實皆併入卷一)

闕:《書苑補益》卷九至十。

書中鈐"陶公亮"、"金壺館"、"飄飄戲九垓"、"公氏亮"、"陶元采印"、"蟬華"、"吳焯"、"繡谷襄習"、"大倉文化財團藏書"朱印。

《王氏書苑》子目:

卷一至五:法書要録十卷　唐張彥遠輯

卷六:米海嶽書史一卷　宋米芾撰

卷七至八:書法鉤玄四卷　元蘇霖撰

卷九至十:東觀餘論三卷　宋黃伯思撰

《王氏書苑補益》子目:

卷一:書譜一卷　唐孫過庭撰

卷二:續書譜一卷　宋姜夔撰

卷三:寶章待訪録一卷　宋米芾撰

卷四:試筆一卷　宋歐陽修撰

卷五:高宗皇帝御製翰墨志一卷　宋高宗趙構撰

卷六:法帖譜系二卷　宋曹士冕撰

卷七:學古編一卷　元吾衍述

卷八:字學新書摘抄一卷　元劉惟志編集

卷十一至十二:廣川書跋十卷　宋董逌撰

《王氏畫苑十卷》子目:

卷一:古畫品録　南齊謝赫撰

　　續畫品録　唐李嗣真撰

　　後畫録　唐釋彥悰撰

　　續畫品　南朝陳姚最撰

貞觀公私畫史　唐裴孝源撰

沈存中圖畫歌　宋沈括撰

筆法記　五代後梁荆浩撰

王維山水論　唐王維撰

卷二至四：歷代名畫記十卷　唐張彥遠撰

卷五：聖朝名畫評三卷　宋劉道醇纂

卷六：唐朝名畫録一卷　唐朱景玄撰

五代名畫補遺一卷　宋劉道醇纂

卷七至八：畫繼十卷　宋鄧椿撰

卷九：益州名畫録三卷　宋黃休復纂

卷十：米海嶽畫史一卷　宋米芾撰

法書要錄卷之一　　　　唐河東張彥遠集

後漢趙一非草書

余郡士有梁孔達姜孟穎者皆當世之彥哲也然慕
張生之草書過於希顏孔焉孔達寫書以示孟穎皆
口誦其文手揩其篇無怠倦焉於是後學之徒競慕
二賢守令作篇人撰一卷以為祕玩余懼其背經而
趨俗此非所以弘道興世也又想羅趙之所見嗤沮
故為說草書本末以慰羅趙息梁姜焉竊覽有道張
君所與朱使君書稱正氣可以銷邪人無其釁妖不

王氏書苑補益卷之一

皇明　詹景鳳

　　　　王元貞　仝校

吳郡孫過庭撰

書譜

夫自古之善書者漢魏有鍾張之絕晉末稱二王之
妙王羲之云頃尋諸名書鍾張信爲絕倫其餘不足
觀可謂鍾張亡矣<small>改作</small><small>云</small>殁而羲獻繼之又云吾書比之
鍾張鍾當抗行或謂過之張草猶當鴈行然張精熟
池水盡墨假令寡人耽之若此未必謝之此乃推張
邁鍾之意也考其專擅雖未果於前規攟以兼通故

王氏書苑　<small>卷之一</small>　　一

古畫品錄　　　　　　　南齊謝赫撰

夫畫品者蓋衆畫之優劣也圖繪者莫不明勸戒著
升沈千載寂寥披圖可鑒雖畫有六法罕能盡該而
自古及今各善一節六法者何一氣韻生動是也二
骨法用筆是也三應物象形是也四隨類賦彩是也
五經營位置是也六傳移模寫是也唯陸探微衞協
備該之矣然迹有巧拙藝無古今謹依遠近隨其品
第裁成序引故此所述不廣其源但傳出自神仙莫
之聞見也

八種畫譜

日本翻刻明萬曆天啟清繪齋集雅齋刻本
DC0138一木匣一函八冊

明黃鳳池等輯。

黃鳳池，生卒年不詳，明安徽新安人。

書高37.8釐米，寬23.8釐米。書套籤題"八種畫譜"。

書中鈐"大倉文化財團藏書"朱印。

子目：

1. 新鐫五言唐詩畫譜。明黃鳳池輯。版框高25.8釐米，寬18釐米。書衣書籤題"唐詩五言"。內封鐫"新鐫五言/唐詩畫譜/集雅齋藏板"。書首有王迪吉撰"唐詩畫譜敘"。書末有俞見龍"唐詩畫譜跋"。

2. 新鐫七言唐詩畫譜。明黃鳳池輯。版框高26.3釐米，寬18.2釐米。書衣書籤題"唐詩七言"。內封鐫"新鐫七言/唐詩畫譜/集雅齋藏板"。書首有林之盛撰沈鼎新書"唐詩七言畫譜敘"。

3. 新鐫六言唐詩畫譜。明黃鳳池輯。版框高25.7釐米，寬18.4釐米。書衣書籤題"唐詩六言"。內封鐫"新鐫六言/唐詩畫譜/集雅齋藏板"。書首有程涓撰"唐詩畫譜序"。書末有俞見龍"六言唐詩畫譜跋"。

4. 新鐫梅竹蘭菊四譜。明黃鳳池輯。版框高25.7釐米，寬18.4釐米。書衣書籤題"梅竹蘭菊"。內封鐫"新鐫梅竹/蘭菊四譜/集雅齋"。書首有萬曆庚申陳繼儒撰"題梅竹蘭菊四譜小引"。

5. 新鐫木本花鳥譜。明黃鳳池輯。版框高26.5釐米，寬18.3釐米。書衣書籤題"木本花鳥"。內封鐫"新鐫木本/花鳥譜/集雅齋藏板"。書首有天啟元年"新鐫花鳥譜序"。

6. 新鐫草本花詩譜。明黃鳳池輯。版框高26釐米，寬18.1釐米。書衣書籤題"草本花詩"。內封鐫"新鐫草本/花詩譜/集雅齋藏板"。書首有天啟元年汪躍鯉"新鐫草本花詩譜序"。

7. 唐解元倣古今畫譜。明唐寅繪。版框高25釐米，寬17.3釐米。書衣書籤題"古今畫譜"。內封鐫"唐解元倣/古今畫譜/清繪齋"。書首有唐寅題并書"唐六如畫譜序"。

8. 張白雲選名公扇譜。明張白雲集。版框高24.1釐米，寬17.1釐米。書衣書籤題"名公扇譜"。內封鐫"張白雲選/名公扇譜/清繪齋"。書首有陳繼儒撰"選刊扇譜敘"。

墨池編六卷

明萬曆庚辰（八年，1580）維揚瓊花觀深仁祠刻本
DC0609一函六册

宋朱長文編。

朱長文（1039—1098），字伯原，號樂圃、潛溪隱夫，蘇州吳人。嘉祐四年進士，官秘書省正字、秘閣校理等職。

書高29釐米，寬17.9釐米。版框高20.6釐米，寬14.2釐米。每半葉十行，行二十二字，小字雙行，字數同。白口，單黑魚尾，四周雙邊。魚尾上方記"墨池編"，下記卷次，又下記葉次。書首姓氏後有牌記"萬曆庚辰夏孟梓于維揚瓊花觀深仁祠"。

卷一首葉第一行題"墨池編卷之一"，第二行起正文。

書首有"墨池編目錄"，"重刻墨池編姓氏"。

書中鈐"大雷經鋤堂藏書"、"家在元沙之上"、"大倉文化財團藏書"朱印。

墨池編卷之一

字學門

漢許慎說文序

古者庖犧氏之王天下也仰則觀象於天俯則觀法於地

視鳥獸之文與地之宜近取諸身遠取諸物於是始作易

八卦以垂憲象及神農氏結繩為治而統其事庶業其繁

飾偽萌生黃帝之史蒼頡見鳥獸蹄迒之迹知分理之可

相別異也初造書契百工以乂萬品以察蓋取諸夬夬揚

於王庭言文者宣教明化於王者朝廷君子所以施祿及

下居德則忌也蒼頡之初作書蓋依類象形故謂之文其

梅花喜神譜二卷

清嘉慶辛未(十六年, 1811)雲間沈氏古倪園影宋刻本

DC0599一函二册

宋宋伯仁編。

書高26.4釐米,寬16.5釐米。版框高15.4釐米,寬10.6釐米。每半葉八行,行十二字。白口,雙黑魚尾,四周雙邊。上魚尾下記卷次,下魚尾下記葉次。書衣書籤篆書題"梅花喜神譜"。内封鐫"梅花喜神譜宋本重刊"。向士璧跋後有刊記"嘉慶辛未雲間古倪園沈氏用影宋本重雕"。

卷一首葉第一行題"梅花喜神譜卷上",下空二格題"雪巖",第二行起正文。

書首有宋伯仁序,序後有景定辛酉重鋟識語。書後有向士璧跋,嘉熙二年葉紹翁跋,徐雲路題詞,李福題詞,董國琛題詞,戴延介題詞,附錄《讀書敏求記》一則,辛未黄丕烈識語,嘉慶壬申楞伽山人識語,曹貞秀識語。函套書籤隸書題"梅花喜神譜"。

書中鈐"光風霽月"、"書窗殘雪"、"張啟蘊印"、"不少布衣粗館"、"紹南一字輝山"、"浣花草堂"、"茶竈踈煙"、"大倉文化財團藏書"朱印。

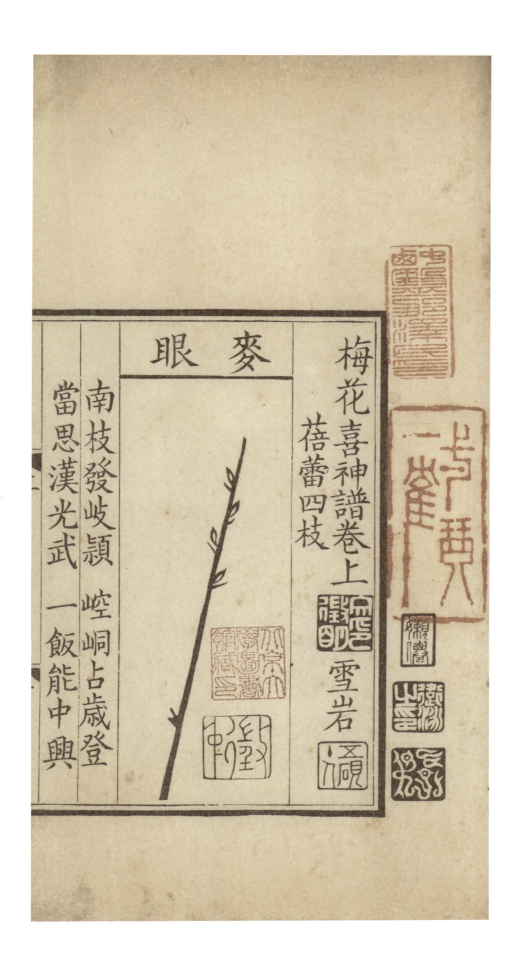

梅花喜神譜卷上

蓓蕾四枝

雪岩

麥眼

南枝發岐穎　崆峒占歲登
當思漢光武　一飯能中興

庚子銷夏記八卷

清刻本
DC0614一函四册

清孫承澤撰。

孫承澤(1593—1676),字耳北,一作耳伯,號北海,又號退谷,一號退谷逸叟、退谷老人、退翁、退道人,山東益都人,世隸順天府上林苑。明崇禎四年進士,官至刑科給事中,清初歷任吏科給事中、太常寺卿、大理寺卿、兵部侍郎、吏部右侍郎等職。

書高27.2釐米,寬15.8釐米。版框高18.1釐米,寬13.3釐米。每半葉十行,行二十字。上下細黑口,雙黑魚尾,左右雙邊。魚尾間記"庚子銷夏記"及卷數,又下記葉次。

卷一首葉第一行題"庚子銷夏記卷一",第二行起正文。

書首有乾隆辛巳盧文弨序,"庚子銷夏記目次"。書末有乾隆辛巳余集跋,乾隆辛巳張賓鶴跋。

書中鈐"大倉文化財團藏書"朱印。

案語:據清乾隆辛巳鮑氏寫刻本翻刻。

庚子銷夏記卷一

庚子四月之朔天氣漸炎晨起坐東籬書屋汪易
數行閒目少坐令此中澹然無一物再隨意讀陶
韋李杜詩韓歐王曾諸家文及重訂所著夢餘錄
人物志諸書倦則取古紫窑小枕偃卧南窻下自
烹茗蓄茗連啜數小盂或入書閣整頓架上書或
坐藤下撫摩雙石或登小臺望郊壇烟樹倘佯少
許復入書舍取法書名畫一二種反復詳玩畫領
其致然後仍置原處閒扉息而坐家居已久人
鮮過者然亦不欲晤人老人畏熱或免蒸灼之苦

佩文齋書畫譜一百卷

清康熙四十七年(1708)杭州刻本
DC0611四夾板六十四冊

清孫岳頒等纂。

孫岳頒(1639—1708),字雲韶,號樹峯,吳縣人。康熙二十一年進士,官至禮部侍郎。

書高24.8釐米,寬16.1釐米。版框高16.8釐米,寬11.5釐米。每半葉十一行,行二十一字。白口,單黑魚尾,左右雙邊。魚尾下記"書畫譜"及卷次、類目,又下記葉次。

卷一首葉第一行題"佩文齋書畫譜卷第一",第二行起正文。

書首有康熙四十七年"御製佩文齋書畫譜序",編纂校刊職名,"佩文齋書畫譜凡例","佩文齋書畫譜總目","佩文齋書畫譜纂輯書籍"。

書中鈐"亮直"、"徐葆光印"、"懶雲道人"、"少白"、"選印"、"大倉文化財團藏書"朱印。

佩文齋書畫譜卷第一

論書一 書體上

伏羲書

古者伏羲氏之王天下也始畫八卦造書契以代結繩之政由是文籍生焉 孔安國尚書序

倉頡書

倉頡之初作書蓋依類象形故謂之文其後形聲相益即謂之字字者言孳乳而浸多也著於竹帛謂之書書者如也以迄五帝三王之世改易殊體封於泰山者七十有二代靡有同焉 許慎說文序

周六書

佩文齋書畫譜一百卷續書畫譜書家傳六卷畫家傳十卷

民國九年（1920）上海同文圖書館石印本

DC0612四十八册

清孫岳頒等纂。

書高19.9釐米，寬13.2釐米。版框高16.3釐米，寬11.6釐米。每半葉十七行，行三十一字。白口，單黑魚尾，四周雙邊。版心上方記書名，中記卷次，又記類目，又下記葉次，版心下印"同文圖書館印"。書内封刻"欽定佩文齋書畫譜"，内封背面有牌記"民國九年上海/同文圖書館印"。

卷一首葉第一行題"佩文齋書畫譜卷第一"，第二行起正文。

書首有康熙四十七年"御製佩文齋書畫譜序"，編修《書畫譜》姓氏，"佩文齋書畫譜凡例"，"佩文齋書畫譜總目"，"佩文齋書畫譜纂輯書籍"。

書中鈐"大倉文化財團藏書"朱印。

佩文齋書畫譜卷第一

論書一 書體上

伏羲書

古者伏羲氏之王天下也始畫八卦造書契以代結繩之政由是文籍生焉 尚書序

倉頡書

倉頡之初作書蓋依類象形故謂之文其後形聲相益即謂之字字者言孳乳而浸多也著於竹帛謂之書書者如也以迄五帝三王之世改易殊體封於泰山者七十有二代靡有同焉 許慎說文序

周六書

地官小司徒保氏養國子以道乃教之六藝一曰五禮二曰六樂三曰五射四曰五馭五曰六書六曰九數鄭司農注云六書象形會意轉注處事假借諧聲也 周禮注疏

周籀書

史籀篇者周時史官教學童書也與孔氏壁中古文異體 漢書藝文志

秦八體書

孔子書六經左丘明述春秋傳皆以古文其後分為七國文字異形秦始皇帝初

銷夏録六卷

清乾隆修潔齋刻本

DC0613一函三册

清高士奇撰, 清劉堅删訂。

高士奇（1645—1704）, 字澹人, 號瓶廬, 又號江村, 賜號竹窗, 官至詹事府詹事、禮部侍郎。諡文恪。

書高27釐米, 寬17.2釐米。版框高18.9釐米, 寬13.7釐米。每半葉十行, 行二十一字。白口, 無魚尾, 左右雙邊。版心中記"銷夏録"及卷次, 下記葉次。書内封鐫"書畫題跋選/銷夏録/修潔齋槧板"。

卷一首葉第一行頂格題"銷夏録卷一", 下方小字題"江村原稿", 第二行題"青城散人劉堅删訂", 第三行起正文。

書首有朱彝尊原序, 高士奇原序, 凡例。每卷後鐫"古歙金西山書"。

書中鈐"大倉文化財團藏書"朱印。

銷夏録卷一 江村原稿

宋林和靖詩卷　　　青城散人劉　堅删訂

紙本高九寸二分長八尺七寸凡六接俱有濟陽文

府鈐印 尺度詳注低
一字以別之

制誥李舍人以松扇二柄并詩為遺因次来韻 本

詩句題款
又低一字

編松為箑寄山中兼得紫微詩一通入手凉生殊

自慰可煩長聽隱居風

孤山雪中寫望

式古堂書畫彙考書三十卷畫三十卷卷首一卷目録二卷

民國辛酉（十年，1921）鑑古書社影印本

DC0616六函四十八册

清卞永譽纂輯。

卞永譽（1645—1712），字令之，號仙客，隸漢軍鑲黃旗，祖籍山東黃縣，世居遼東蓋平。康熙間由蔭生官至刑部左侍郎。

書高19.7釐米，寬13.2釐米。版框高14.6釐米，寬9.5釐米。每半葉十行，行二十二字。白口，四周單邊。版心上方記"式古堂書畫彙考"，中記類目及卷次，下記細類目及葉次。內封印"式古堂書畫彙考"，內封背面有牌記"吳興蔣氏密均樓藏本鑑古書社景印"。

卷一首葉第一行題"式古堂書畫彙考"，第二行空，第三行空二格題"蓋牟卞永譽纂輯"，第三、四行下題"男之鈞分較/姪巖考訂"，第五、六行題"莆田林一璘/渤海高兆/會稽潘燾考訂"，第七行起正文。

卷首末葉有辛酉王錫生識語。

闕畫卷一至十四。

書中鈐"大倉文化財團藏書"朱印。

案語：據清康熙原刻本影印。

式古堂書畫彙考

蓋牟 卞永譽 纂輯 男 之鈞
姪 巖 考訂

莆田 林一璘
渤海 高兆
會稽 潘憙 考訂

書卷之一 書評上

○南朝宋羊欣叙古書家姓名

秦丞相李斯善大篆

中車令趙高亦善大篆

述筆法

日本朱墨二色影印本

DC0615一册

清段玉裁著。

段玉裁（1735—1815），字若膺，號懋堂，晚年又號硯北居士、長塘湖居士、僑吳老人。江蘇金壇人。乾隆二十四年舉人，歷任國子監教習、玉屏知縣、巫山知縣。

書高25.6釐米，寬14.9釐米。版框高17釐米，寬10.7釐米。每半葉八行，行十六字，小字雙行，字數同。四周單邊。內封一印"清段玉裁著/段式述筆法/松田元修書/小錦山房藏梓"，內封二印"段式述筆法/石鼓堂主（朱印）"，內封二後有牌記"小錦山房藏板"。書末印"木邨嘉平刻"。

卷端第一行題"述筆法"，第二行起正文。

書首有藤原実美題"山陰遺法"，明治己卯川岡敍，圖及圖說，神波桓書《先正事略》段玉裁傳。書末有明治戊寅松田元修跋，己卯一六居士跋。

書中鈐"家在水雲邊"、"石鼓堂主"、"大倉文化財團藏書"朱印。

段氏執筆說。有兩末
盡以楊惺吾臨傅潘環
初說筆之如左。
凡捉筆以大指尖與四指
尖均相接圜如環。
以大指与食指謂之單
鈎以大指与食指中指
謂之雙鈎。第四指第五
指均自外鈎之。所以助
之也。
筆正直在五指尖之間。

述筆法

書法之不及古人者。無古人之胸中文史

浮古人執筆之法也。執筆之法若何。曰指

以運臂。臂以運身。何謂指以運臂。臂以運

身。曰凡捉筆以大指尖俟食指尖相對筆。

正直在二指尖之間。二指尖之固筆也。相

接圜如環。二指本以上平可安酒琖。何以人

能令也。曰必平其肘擎而淡能之。肘者臂擎
之節也。

百華詩箋譜

清宣統三年（1911）文美齋彩色套印本

DC0601一函二册

　　　　清張兆祥繪。

　　　　張兆祥（1852—1908），字龢庵，天津人。

　　　　書高29.4釐米，寬18釐米。版框高23.8釐米，寬15釐米。白口，四周花邊。書衣籤及函套籤題 "百華詩箋譜/光緒丙午中元磊盒署"。内封刻 "文美齋詩箋譜"，内封背面有牌記 "宣統三年歲次辛亥五月刊成"。

　　　　書首有光緒丙午張祖翼序。

　　　　書中鈐 "大倉文化財團藏書" 朱印。

泰山殘石樓藏畫第一集

民國丙寅（十五年，1926）美術製版社影印本

DC0617一函十册

唐吉生收藏。

書高32.6釐米，寬26.8釐米。

函套書籤題"泰山殘石樓藏畫/第一集/唐熊"。石濤册後有版權葉題"泰山殘石樓藏畫第一集/丙寅三月再版/定價每集拾四元/收藏者唐吉生/製版者美術製版社/寄售處西泠印社"。

册各一種，書衣各印題名，卷前印小傳。

潘蓮巢册首襯葉墨書"大倉先生惠存/唐熊謹贈"。書中鈐"大倉文化財團藏書"朱印。

泰山殘石樓藏畫第一集

丙寅三月再版　定價每集拾四元

收藏者　唐　吉　生

製版者　美術製版社

寄售處　西泠印社

不准複印

唐詩選畫本七種

DC0793一函三十五冊

書中鈐"霞耕堂"、"石神常列田村"墨印,"石神"朱印。

1.五言絕句五卷

日本文化乙丑小林新兵衛刻本

書高22.7釐米,寬15.6釐米。版框高19.1釐米,寬13.7釐米。白口,單黑魚尾,四周單邊。版心魚尾上方記"唐詩選畫本",魚尾下方記卷次及類目,版心下方記葉次,又下方記"嵩山房"。內封鐫"文化乙丑再刻/石峰先生書畫/唐詩選/東都書肆嵩山房藏"。

書首有陰文刻天明戊申石峰道人"畫本唐詩選自序"。書末有天明戊申小林高英"書畫本唐詩選後",文化乙丑刊記。

2.七言絕句五卷

日本文化十一年小林新兵衛刻本

書高22.7釐米,寬15.6釐米。版框高18.6釐米,寬13.7釐米。白口,單黑魚尾,四周單邊。版心魚尾上方記"唐詩選畫本",魚尾下方記卷次及類目,版心下方記葉次,又下方記"嵩山房"。書衣書籤題"唐詩選畫本"。書末有文化十一年刊記。

書首有己酉芙蓉山人自序。書末有寬政元年小林高英"書畫本唐詩選後"。

3.七言絕句續編五卷

日本寬政五年小林新兵衛刻本

書高22.7釐米,寬15.6釐米。版框高19.1釐米,寬13.9釐米。白口,單黑魚尾,四周單邊。版心魚尾上方記"唐詩選畫本",魚尾下方記卷次及類目,版心下方記葉次，又下方記"嵩山房"。書衣書籤題"唐詩選畫本"。內封鐫"紅翠齋主人畫/唐詩選/東都書肆嵩山房藏"。書末有寬政五年刊記。

書首有寬政壬子天華樓主人序。

4.七言古詩五卷

日本天保三年小林新兵衛刻本

書高22.7釐米，寬15.6釐米。版框高19.1釐米，寬13.9釐米。白口，單黑魚尾，四周單邊。版心魚尾上方記"唐詩選畫本"，魚尾下方記卷次及類目，版心下方記葉次，又下方記"嵩山房"。內封鐫"高蘭山先生著五七言古詩/畫本唐詩選/翠溪先生畫嵩山房梓"。書末有天保三年刊記。

書首有天保二年高井蘭山"畫本唐詩選敘"天華樓主人序。

5.七言律詩五卷

日本天保七年小林新兵衛刻本

書高22.7釐米，寬15.6釐米。版框高18.8釐米，寬13.8釐米。白口，單黑魚尾，四周單邊。版心魚尾上方記"唐詩選畫本"，魚尾下方記卷次及類目，版心下方記葉次，又下方記"嵩山房"。內封鐫"高井蘭山先生著畫狂老人卍翁摹/畫本唐詩選/七言律一帙/天保七年丙申秋發兌嵩山房梓"。書末有天保七年刊記。

書首有天保壬辰高井蘭山"唐詩選圖會序"。

6.五言排律五卷

日本天保四年小林新兵衛刻本

書高22.7釐米，寬15.6釐米。版框高19.1釐米，寬13.7釐米。白口，單黑魚尾，四周單邊。版心魚尾上方記"唐詩選畫本"，魚尾下方記卷次及類目，版心下方記葉次，又下方記"嵩山房"。內封鐫"高井蘭山著/五言律排律/畫本唐詩選/嵩山房梓/北齋為一畫"。書末有天保四年刊記。

書首有天保壬辰高井蘭山"繪本唐詩選五七言律序"，天保二年高井蘭山序，高田圓乘自序。

7.五七言排律五卷

日本寬政三年小林新兵衛刻本

書高22.7釐米，寬15.6釐米。版框高18.8釐米，寬13.7釐米。白口，單黑魚尾，四周單邊。版心魚尾上方記"唐詩選畫本"，魚尾下方記卷次及類目，版心下方記葉次，又下方記"嵩山房"。內封鐫"五七言律排律/唐詩選畫本三編五册/東都書肆嵩山房藏"。書末有寬政三年刊記。

書首有寬政三年唐世濟"題唐詩畫譜"，高田圓乘自序。書後有大田騵"題唐詩畫譜後"。

聲譽高千載

文章冠七才

唐詩選成後

人認粹金來

石峯橘貫畫并讚

東嶽菅忠俊書

墨場必携六卷

日本明治十三年（1880）京都鴻寶堂翻刻本

DC0927二册

日本市河三亥輯。

市河三亥（1779—1858），字子陽，號米莽，又號金洞山人、顛道人。日本江戶人。

書高18.5釐米，寬12.5釐米。版框高15.4釐米，寬10.7釐米。每半葉九行，行二十字。白口，單黑魚尾，左右雙邊。魚尾上方記"墨場必携"，下方記卷次，又下記葉次。内封鎸"明治十三年七月翻刻/米莽先生輯/墨場必携/京都書賈鴻寶堂發兑"。書末有明治十三年刊記。

卷一首葉第一行題"墨場必携卷之一"，第二行、第三行上空三格題"米莽河先生輯"，下空三格題"山内晉/渡邊粘仝校"，第四行起正文。

書首有天保七年佐藤坦撰"墨場必携序"。

墨場必攜卷之一

米芾河先生輯

山內晉　全校

渡邊勤

漢崔子玉座右銘

無道人之短、無說己之長、施人慎勿念、受施慎勿忘、

世譽不足慕、唯仁為紀綱、隱心而後動、謗議庸何傷、

無使名過實、守愚聖所藏、在涅貴不緇、曖曖內含光、

柔弱生之徒、老氏誡剛強、行行鄙夫志、悠悠故難量、

慎言節飲食、知足勝不祥、行之苟有恆、久久自芬芳、

畧可法二卷

日本文政十年（1827）小山林堂刻本

DC0926二冊

日本市河三亥輯。

書高25.9釐米，寬18.3釐米。版框高21釐米，寬15.5釐米。每半葉八行，行十六字。白口，無魚尾，四周雙邊。版心上方記"畧可法"及卷次，下方記葉次。內封鐫"畧可/法小山林/堂開雕"，鈐"青藜閣記"朱印記。

卷上首葉第一行題"畧可法卷上"，第二行題"河三亥手輯"，第三行題"男三千縮臨"，第四行正文。

書首有閼逢涒灘林皝撰"題畧可法首"。書末有甲戌江大楣跋，丁亥金琴江跋，道光七年周安泉跋，道光七年陸雲鵠序，丁亥米莽識語。書尾附"米庵先生書青藜閣發行目錄"。

晷可法卷上

河三亥　手輯
男三千　縮臨

區額類其入□。□

腸書之法。自古有之。諸家多用擘窠
法耳。跌宕飛動之勢米襄陽最得之。
董彥韡王虛舟二家亦皆論其體裁
有法。余所麿見者宋元以来真跡校

神品百碑

日本大正十四年（1925）鉛印本

DC0575一函二册

日本澀川柳次郎著。

書高37.5釐米，寬25.7釐米。

函套書籤、書衣書籤、內封印"書道寶鑒神品百碑"。書首有
神品百碑目次。書末有版權葉。

書中鈐"大倉文化財團藏書"朱印。

神品百碑目次

《對照の便宜上、時代順に依らざるものあり》

吉祥圖案解題

日本昭和三年（1928）鉛印本

DC0931一函一册

日本野崎誠近著。

書高23.6釐米，寬17釐米。單頁雙面印刷。書末有版權頁。

吉祥圖案解題 支那風俗の一研究

野崎誠近著

緒言

支那研究の必要は今更論ずる迄も無けれども、研究すべき材料にして未だ着手せられざるものは、その多きに勝へざらんとす。

吾人支那に在る既に二十年、日常目前の事々物々一として研究の資料ならざるは無し。而かも其研究は先づ支那人の國民性に向ふを以て本義と爲さざる可からず。支那は今恰も舊殼を脱して新生に向ふ可く覺醒し、世態萬般一大變革を見んとする秋なり。この混亂せる場合に在りて其の國民性を知らんとするは極めて至難の業たり。而も徐ろに之を觀れば積習の力は猶新生の方向を定むる指南こなり、其の四千年に培養せられたる傳統的國民精神は常に一條の流れこなりて、いかに澎湃たる流れの中にもその水脈を鮮やかにせり。故に畢竟は故

一

訒菴集古印存三十二卷

清乾隆二十五年（1760）新安汪氏鈐印本

DC0641二函十六册

清汪啟淑藏編。

汪啟淑（1728—1799），字秀峰，一字慎儀，號訒庵，自稱"印癖先生"，安徽歙縣人，官至兵部郎中。

書高29.2釐米，寬18.6釐米。版框高22.7釐米，寬16.3釐米。白口，四周花邊。版心上方記"訒菴集古印存"及卷次，版心下記葉次。內封及書衣書籤題"訒菴集古印存"。函套籤題"汪訒菴集古印存"。

卷一首葉第一行題"訒菴集古印存卷一"，第二行題"新安汪啓淑鑒藏"。

書首有乾隆十五年許光文序，昭陽作噩盧曾煜序，乾隆二十五年汪啟淑凡例，己巳馬冲寫汪啟淑像。書末有戊寅金洪銓"集古印存跋"。

書匣插板有香谷田叔墨書題記。書中鈐"珊瑚閣珍藏印"、"多慧藏本"、"傳之其人"、"藏之名山"、"金石富豪"、"田叔之印"、"大倉文化財團藏書"朱印。

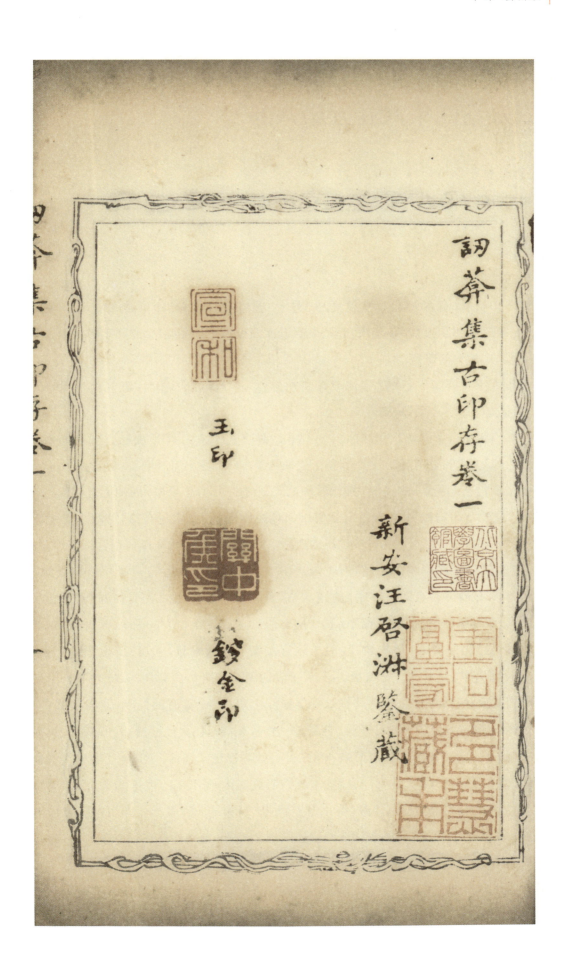

飛鴻堂印譜初集八卷二集八卷
三集八卷四集八卷五集八卷

清乾隆鈐印本

DC0642五函四十册

　　清汪啟淑集。

　　書高30釐米，寬18.3釐米。版框高23.3釐米，寬14.7釐米。白口，單黑魚尾，四周雙邊。版心上方記 "飛鴻堂印譜" 及集次，版心下記卷次及葉次。內封印 "金壽門丁敬身兩先生校定/飛鴻堂印譜/本衙鑒藏"。

　　初集卷一首葉第一行題 "飛鴻堂印譜初集卷一"，第二行題 "古歙汪啟淑秀峯氏鑒藏"。正文為印譜。

　　書首有凌如煥 "飛鴻堂印譜序"，汪啟淑 "飛鴻堂印譜凡例"，戊辰之夏秀峰先生自題，稽留山民書 "偶愛閑靜"、"秀峯先生二十一歲小像" 及沈德潛撰贊。初集卷二末有太歲在柔兆攝提格（丙寅）鮑鈞撰 "飛鴻堂印譜跋"；卷三首有李果序；卷四尾有乾隆乙丑閻沛年撰 "飛鴻堂印譜跋"；卷五首有乾隆丁卯孫陳典撰序；卷六尾有徐賦撰跋；卷七首有乾隆丙寅張湄撰序；卷八尾有乾隆己巳樹琪跋。二集卷一首有乾隆戊辰周萱猷撰序，王蓍題詩；卷二尾有徐鍵撰跋；卷三首有乾隆庚午毛詠撰序，王露題詩；卷四尾有趙大鯨 "飛鴻堂印譜跋"；卷五首有顧于觀序、施謙詩 "題飛鴻堂印譜"；卷六尾有汪沆 "飛鴻堂印譜跋"；卷七首有孫彥撰敘、倪承寬序；卷八尾有龍集上章敦牂（庚午）張弘殿跋。三集卷一首有乾隆己巳沈德潛序、林組題詩；卷二尾有太歲在玄默涒灘（壬申）丁敬跋；卷三首有乾隆戊辰厲鶚序、劉暐澤 "飛鴻堂印譜詩"；卷四尾有乾隆癸酉葉長楊跋；卷五首有乾隆十四年周宣武序、吳城詩；卷六尾有乾隆癸酉江永跋；卷七首有陸鈞序、王曾祥撰 "小詩奉題"；卷八尾有乾隆丁丑徐日璉跋。四集卷一首有乾隆己巳葉世度撰、金農書序，吳晨撰《滿江紅》詞；卷二尾有癸酉舒瞻跋；卷三首有乾隆己巳江權序，盛曉心 "調寄金縷曲奉題"；卷四尾有彭元瑋撰、楊女諧書跋；卷五首有乾隆丙子梁詩正序，吳山秀 "飛鴻堂印譜題詞"；卷六尾有乾隆丁丑葛淳跋；卷七首有乾隆二十年胡璹 "飛鴻堂印譜序"，王又曾題詞；卷八尾有乾隆三十年莊有恭 "飛鴻堂印譜跋"。五集卷一首有齊召南序；卷二尾有太歲在柔兆涒灘（丙申）張霈跋；卷三首有乾隆十八年周怡序；卷四尾有王騰蛟跋；卷五首有乾隆十四年方粲如序；卷六尾有乾隆十八年吳蒙 "飛鴻堂印譜跋"；卷七首有乾隆癸酉薛雪 "飛鴻堂印譜序"；卷八尾有乾隆二十年周震蘭 "飛鴻堂印譜跋"。

　　書中鈐 "大倉文化財團藏書" 朱印。

飛鴻堂印譜初集卷一

古歙汪啟淑秀峯氏鑒藏

飛鴻堂

丁敬

新安汪啟淑印

吳兆傑

飛鴻堂印譜初集八卷二集八卷
三集八卷四集八卷五集八卷

日本凌石山房重鐫鈐印本
DC0643五函二十册

清汪啟淑集。

書高30.2釐米, 寬17.3釐米。版框高23.5釐米, 寬14.7釐米。版心上記"飛鴻堂印譜"及集次, 右邊框下記卷次及葉次。內封印"金壽門丁敬身兩先生校定/飛鴻堂印譜/本衙鑒藏"。書首有"凌石山房複製"刊記。

卷一首葉第一行題"飛鴻堂印譜初集卷一", 第二行題"古歙汪啟淑秀峯氏鑒藏"。正文為圖。

書首有凌如煥"飛鴻堂印譜序", 乾隆十四年方楘如序, "飛鴻堂印譜凡例", 秀峯先生小像。

書中鈐"大倉文化財團藏書"朱印。

飛鴻堂印譜初集卷一

古歙汪啟淑秀峯氏鑒藏

飛鴻堂

新安汪啟淑印

飛鴻堂印譜初集

二百蘭亭齋古銅印存

清光緒二年（1876）歸安吳氏鈐印本

DC0139二函十二冊

清吳雲輯。

書高29釐米，寬18.1釐米。版框高19.3釐米，寬13.2釐米。書衣書籤題"二百蘭亭齋古銅印存"。內封背面鐫"二百蘭亭齋古銅印存/何紹基為平齋老弟題"。

正文首葉為鈐印。

書首有光緒丙子夏吳雲所撰序。

書中鈐"大倉文化財團藏書"朱印。

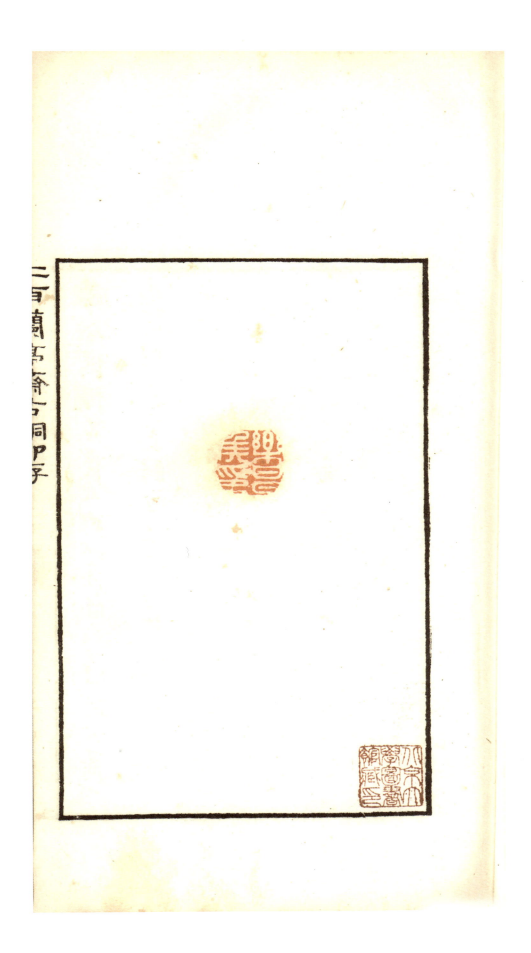

東方印選

日本昭和七年（1932）鈐印本
DC0644一函四册

　　書高28.8釐米，寬17.3釐米。版框高17.6釐米，寬11釐米。版
心上方記“東方印選”。函套書籤、書衣書籤題“東方印選”。書内
封題“東方印選”。内封背面有“昭和壬申歲十二月鈐印”刊記。

　　卷一首葉爲鈐印。

　　書首有例言。

　　書中鈐“大倉文化財團藏書”朱印。

東方印選

西清古鑑四十卷附錢録十六卷

清乾隆辛未（十六年, 1751）武英殿刻本
DC0570二函二十册

清梁詩正等纂。

梁詩正（1697—1763），字養仲，號薌林，又號文濂子，錢塘人。雍正八年探花，官至東閣大學士。卒諡文莊。

書高40釐米，寬26.5釐米。版框高29.5釐米，寬22.5釐米。白口，雙黑魚尾，四周雙邊。上魚尾上方記 "西清古鑑"，上魚尾下方記卷次，又下方記葉次。

卷一首葉第一行起正文。正文為圖。

書首有乾隆十四年上諭，"奉旨開列辦理西清古鑑諸臣職名"，"西清古鑑總目"。書末有乾隆辛未梁詩正等跋。錢録首有乾隆辛未梁詩正等序，"錢録總目"。

書中鈐 "大倉文化財團藏書" 朱印。

錢録卷一

右一品洪遵泉志云張台見於寶鼎尉王鑄慶
然不能名為何代也按路史太昊伏羲氏聚天
下之銅仰視俯觀以為棘幣注曰二𫤌乃帝昊
字幕文作𫤌李孝美所謂了傍斜畫者蓋羲字
此布文適合其二字𫤌字引盟鐘暨封禪文似
不為無據此貨幣之始

西清古鑑四十卷附錢録十六卷

清光緒十四年（1888）邁宋書館銅版印本
DC0571二十四册

    清梁詩正等纂。

    書高42.2釐米，寬26.9釐米。版框高29釐米，寬22.4釐米。白口，雙黑魚尾，四周雙邊。上魚尾上方記"西清古鑑"，下方記卷次，又下方記葉次。書衣籤題"銅版西清古鑑"。内封印"御定西清古鑑"，内封背面有"光緒十四年邁宋書館在日本銅鐫"牌記。

    卷一首葉第一行起正文。正文為圖。

    書首有乾隆十四年上諭，"奉旨開列辦理西清古鑑諸臣職名"，"西清古鑑總目"。書後有乾隆辛未梁詩正等跋。錢録首有乾隆辛未梁詩正等序，"錢録總目"。

    書中鈐"大倉文化財團藏書"朱印。

    案語：據乾隆辛未武英殿刻本影印。

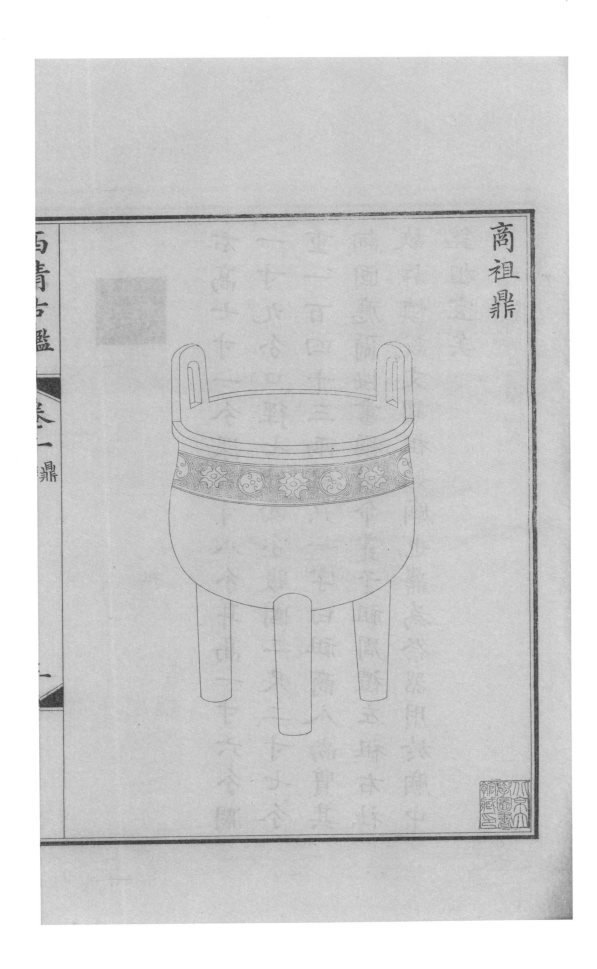

兩罍軒彝器圖釋十二卷

清同治十一年（1872）刻本
DC0573一函六冊

清吳雲撰。

吳雲（1811—1883），字少甫，號平齋，安徽歙縣人，一作歸安人。舉人，官至蘇州知府。

書高29.7釐米，寬17.6釐米。版框高20.6釐米，寬14.8釐米。每半葉十行，行二十二字，左右雙邊。版心自上至下依次記"兩罍軒彝器圖釋"、卷次、器物名、葉次。內封鎸"同治十有弍年秋九月/兩罍軒彝器圖釋/德清俞樾署檢"，書襯葉籤題"兩罍軒彝器圖釋"。

卷一首葉第一行題"兩罍軒彝器圖釋卷一"，第二行起正文。

書首有"兩罍軒主人六十三歲小景"，同治癸酉沈京成像贊，同治十二年馮桂芬序，同治十二年俞樾序，同治十一年吳雲序，"兩罍軒彝器圖釋目錄"。

書中鈐"大倉文化財團藏書"朱印。

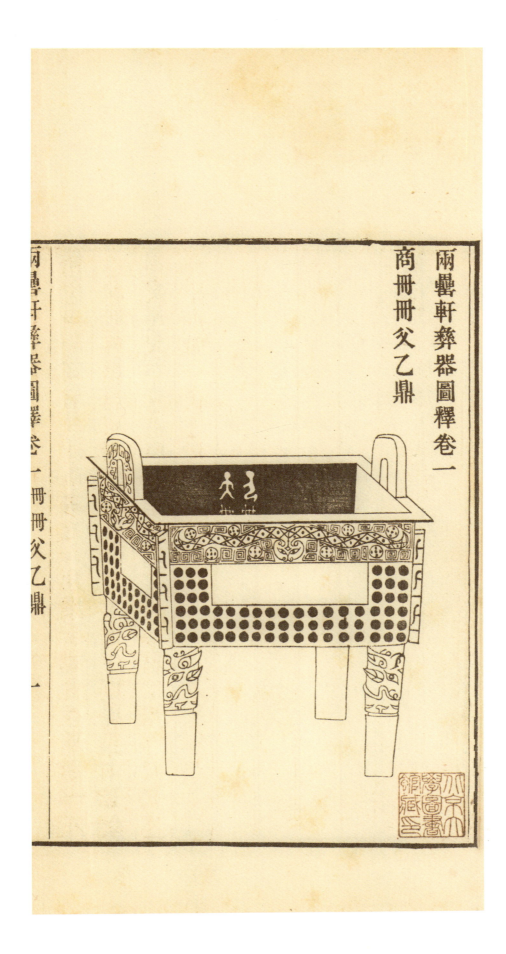

兩罍軒彝器圖釋卷一

商冊冊父乙鼎

硯史摹本

清道光二十九年（1849）摹刻拓本

DC0647二函四册

清高鳳翰輯。

高鳳翰（1683—1749），又名翰，字西園，號南村，又號南阜、雲阜，山東膠州人。雍正五年諸生，授修職郎，歷任歙縣縣丞、署績溪知縣、泰州巡鹽分司。

書高29.5釐米，寬26釐米。經摺裝。

卷一首葉書眉題"硯史摹本第一"。

書首有"雲海孤崔圖"，"南阜山人小像"，題"墨鄉開國"，戊午高鳳翰"史例"，乾隆四年姚世鎔題，乾隆戊午自記，李果"南阜高先生研史序"，"南阜山人生壙誌銘"，道光二十九年包世臣"硯史序"，道光二十九年吳廷颺序，道光二十九年孔繼鏶"繡水王氏摩客高南阜硯史序"，咸豐元年王相序。書末署"雍正十二年十有一月之朔南阜手輯成"。

書中鈐"大倉文化財團藏書"朱印。

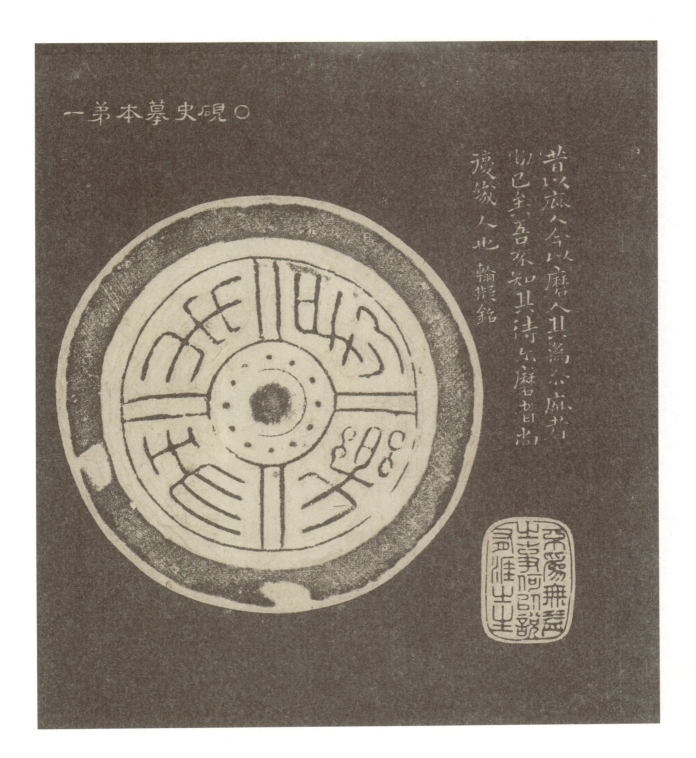

瘦嵃人也 翰振銘

昔以庶人今以廉人其為不廉也
而已矣吾未知其得不廉也耳也

一弟本摹史硯○

沈氏研林不分卷

民國十一年（1922）沈氏摹刻拓本

DC0649四册

沈汝瑾藏。

沈汝瑾（1858—1917），名汝瑾，字公周，號石友，別署鈍居士，江蘇常熟人。諸生。

書高30.5釐米，寬26.7釐米。內封題"沈氏研林/乙卯秋日/孝胥"。

卷一首葉為藏品拓片。

書首題"品研圖"，後有石友小像，乙卯吳昌碩序，乙卯石友自題，壬戌孫雄"沈石友硯譜序"。

書中鈐"大倉文化財團藏書"朱印。

沈氏研林四卷

民國十二年（1923）沈氏摹刻拓本
DC0648一函四册

沈汝瑾藏，沈若懷編。

書高30.5釐米，寬27.5釐米。内封題"沈氏研林/乙卯秋日/孝胥"。書衣籤題"沈氏研林/丁巳初春老缶書籤"。

卷一首葉為藏品拓片。

書首題"品研圖"，後有石友小像，乙卯吳昌碩序，乙卯石友自題，壬戌孫雄"沈石友硯譜序"，"鳴堅白齋研目"，目録後有癸亥沈若懷識語。

書套墨筆籤題"沈石友研林/守耕廬主題籤"，鈐"石陶"、"吕彭"，"□□"朱印。書中鈐"大倉文化財團藏書"朱印。

鳴堅白齋研目

卷一

石友小像研

鳴堅白齋填詞研

磨人研

太極研

真研

鳴堅白齋寫梅研

李易安藏研

長生未央研

玉蜍滴淚銘研

墨井研

箸作研

填海補天銘研

古澄泥研

品研圖研

公周臨橅金石文字研

青琅玕研

學易研

周藥坡蕉白研

朝朝染翰研

方正平直研

阮氏小雲吟館雙井研

南塘張恂甫藏研

含渾銘研

蔣文蕭公琅玕研

聰松亭瓦研

宋咸淳阿翠象研

方氏墨譜六卷墨書一卷墨表一卷

明萬曆方氏美蔭堂刻本

DC0645一函八册

明方于魯撰。

方于魯,生卒年不詳,本名大澂,以字行,後改字建元。安徽歙縣人。

墨書一卷,明汪道貫著。

書高29釐米,寬18釐米。版框高24.9釐米,寬15.5釐米。白口,單白魚尾,四周單邊。魚尾上方記"方氏墨譜"及類目,魚尾下方記卷次,又下方記葉次。版心下記"美蔭/堂集"。

卷一首葉為圖。

書首有萬曆癸未汪道昆"方于魯墨譜引",萬曆己丑王穉登"方建元墨譜序",李維楨"墨譜序",徐桂"方生行贈建元",徐㭬吳評,莫雲卿"題方氏墨雜言八則",王世貞"方于魯墨贊",王敬美"方于魯墨評",汪伯玉評,來相如"離合作方于魯墨詩",俞策"于魯墨歌",錢允治"與汪仲淹索墨譜歌",錢允治書札一通,萬曆甲申朱多炡"方林宗謝少廉吳康虞汪仲淹寄方建元墨賦此為謝",丁亥袁福徵"墨按十則",汪道會"墨賦并序"。書末有萬曆戊子羅文瑞"書墨譜後","泰茅氏遺建元書",萬曆戊子潘之恒"水母泉記",王世貞、汪道貫"墨譜文"。

書中鈐"黃岡蔡鶴舫珍藏"、"大倉文化財團藏書"朱印。

四字璽

知白齋墨譜

民國庚申（九年，1920）西泠印社影印本

DC0646一函二册

郭恩嘉集。

郭恩嘉（1875—約1945），原名恩彝，字鹿蘋（亦字麓屏），號菊存，山東濰縣人。

書高32.5釐米，寬21.2釐米。版框高32.5釐米，寬21.2釐米。書衣及書套籤題"知白齋墨譜　郭恩廣署"。内封印"知白齋墨譜/庚申年十一月安吉吳昌碩篆尚年七十七"。封面背面印"西泠印社影印"。書末有版權葉。

卷一首葉為圖。

書首有商横滔灘吳隱石"墨譜序"。

書中鈐"大倉文化財團藏書"朱印。

欽定錢録十六卷

清光緒刻本

DC0577一函六册

清梁詩正等纂。

書高28.3釐米,寬17.5釐米。版框高19.5釐米,寬14.3釐米。每半葉十一行,行二十三字。上下粗黑口,無魚尾,四周單邊。版心中記"錢録"及卷次,下方記葉次。內封鐫"欽定錢録"。

卷一首葉第一行題"欽定錢録卷一",第二行起正文。

書首有梁詩正等"錢録序",乾隆五十二年紀昀等"欽定錢録提要","欽定錢録總目"。

書中鈐"大倉文化財團藏書"朱印。

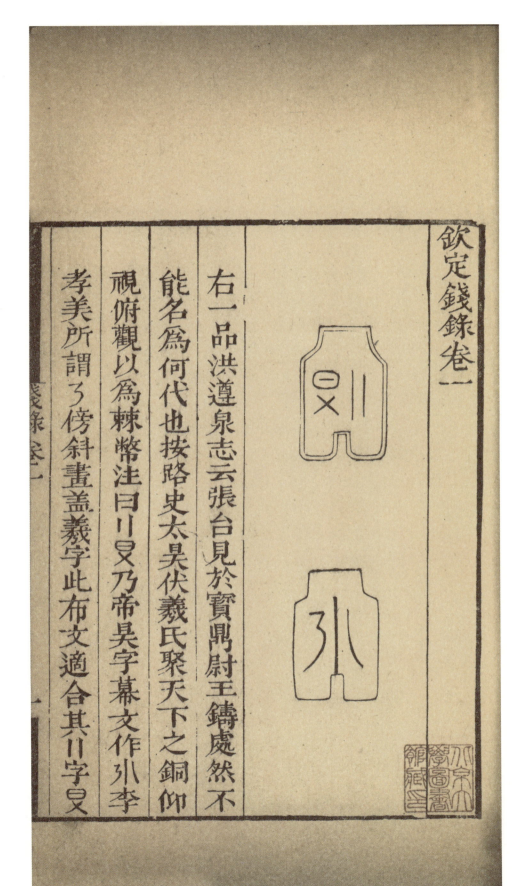

右一品洪遵泉志云張台見於寶鼎尉王鑄處然不

能名為何代也按路史太昊伏羲氏聚天下之銅仰

視俯觀以為棘幣注曰川㝯乃帝昊字幕文作㣎李

孝美所謂ㄋ傍斜畫盖羲字此布文適合其川字㝯

古泉彙考八卷

清末瞿氏清吟閣鈔本
DC0113十一册

清翁樹培輯，清劉喜海補。

翁樹培（1764—？），字宜泉，號申之，順天大興人。翁方剛次子。乾隆五十二年進士，官至刑部郎中。

書高27.5釐米，寬17.6釐米。框高21.2釐米，寬14.5釐米。每半葉九行，行二十二字，小字雙行，字數同。白口，單綠魚尾，四周雙邊。魚尾上方記"古泉彙攷"，下方記卷次。版心下記"清吟閣抄本"。

卷一首葉第一行題"古泉彙考"；第二行空一格題"卷之一"，又空七格題"大興翁樹培申之"；第三行起正文。

書中有朱筆、墨筆過録劉喜海批校文字。偶見籤條，上有蔣黼墨筆手書批校文字。

卷五、卷六清蔣黼鈔配，毛邊裝。

有蔣黼致董康信札一通。

書中鈐"大倉文化財團藏書"朱印。

古泉彙考

卷之一 金氏一譜求

上古

遂人氏〔又〕

金履祥通鑑前編曰遂人氏為日中之市興交易之

道人情以遂故又謂之遂皇

羅泌路史曰遂人氏通國之輕重以轉民之贍

管子揆度第七十八曰遂人以来未有不以輕重為

陳 天下也

清吟閣抄本

大興 翁樹培 申

秦漢瓦當文字二卷續一卷

清乾隆五十二年（1787）臨潼橫渠書院刻本

DC0578一函三冊

清程敦著録。

書高28.6釐米，寬20.6釐米。版框高21.5釐米，寬17.3釐米。每半葉十一行，行二十五字。上下黑口，四周單邊。版心中記"秦漢瓦當文字"。內封鐫"秦漢瓦當文字一卷/乾隆丁未三月刊於橫渠書院"。

卷一首葉第一行頂格題"秦漢瓦當文字一卷"，下空十二格題"程敦著録"，第二行起正文。

書首有"秦漢瓦當文字一卷目"，目後有乾隆強圉協洽程敦識語，附致孫編修淵如書，附鄭閣學耘門先生與敦書。

書中鈐"大倉文化財團藏書"朱印。

秦漢瓦當文字一卷

程敦著録

上

凡瓦六十有六

龜甲獸骨文字二卷

日本大正十年（1921）日本商周遺文會石印本

DC0579二冊

日本商周遺文會編。

書高26.5釐米，寬18釐米。版框高18.2釐米，寬13.1釐米。白口，四周單邊。版心上方記 "龜甲獸骨文字"，中部記卷次、葉次，版心下方記收藏齋號。書衣書籤題 "龜甲獸骨文字"。書末有版權葉。

卷一首葉第一行題 "龜甲獸骨文字卷一"。正文為圖。

書首有大正六年林泰輔敘。

書中鈐 "大倉文化財團藏書" 朱印。

故宫

民國十九年至二十一年（1930—1932）北平故宫博物院鉛印影印本
DC0650二十七册

故宫博物院古物館編。

書高41.7釐米，寬23釐米。每期書衣題名"故宫"，下方記期數，書末有版權葉。

存第一期至二十七期。第一至十一期民國二十至二十一年再版，第十二至二十七期民國十九至二十一年初版。

第一期書内夾目録一紙，王揖唐名片一張。

書中鈐"大倉文化財團藏書"朱印。

石室秘寶甲集

民國有正書局影印本

DC0398一函二册

存古學會編定。

書高26.8釐米，寬19.3釐米。包背裝。書衣書籤題 "石室秘寶"。書尾有版權葉。

書首有 "石室秘寶目録甲集"。

書中鈐 "大倉文化財團藏書" 朱印。

石室秘寶目錄 甲集

留眞譜初編

清光緒辛丑(二十七年,1901)楊守敬刻本
DC0564一函十二册

　　清楊守敬編。

　　書高29.6釐米,寬22釐米。書套籤題"宋元舊板留眞譜"。內封
鐫"留眞譜初編",內封背面刻"光緒辛丑/三月宜都/楊氏梓行"刊
記。書衣書籤題"留眞譜"。

　　書首有光緒辛丑楊守敬"留眞譜序"。

　　書中鈐"大倉文化財團藏書"朱印。

周易卷第一　經三千二百五十五字　注五千九百四十四字

周易卷第二　經二千四十七字　注四千七十四字

周易上經卷第三　經一千九百七十五字　注四千六百九十四字

周易卷第四　經二千五百七十六字　注五千五百六十八字

周易卷第五　經二千六百九字　注五千三百八十四字

周易下經卷第六　經二千三百四字　注六千三百八十四字

周易卷第七　注四千九百一字

中國版刻圖録

一九六一年文物出版社影印本
DC0566一函八册

　　北京圖書館編。

　　書高36.9釐米，寬26.8釐米。書衣籤題"中國版刻圖録"。內封題"中國版刻圖録/北京圖書館編/文物出版社出版"。第一册書末有版權葉。

　　卷一首葉第一行起正文。

　　書首有一九六〇年北京圖書館"中國版刻圖録序"，"中國版刻圖録"目録。

　　書中鈐"大倉文化財團藏書"朱印。

中國版刻圖錄目錄

一 刻版 四百六十種

唐

陀羅尼經咒　唐成都府卞家刻本　成都　四川省博物館藏　圖版一

匡高三一厘米，廣三四厘米。一九四四年出成都市內一唐墓人骨架臂上銀鐲內。四周雙邊。匡外鐫成都府卞家^{此三字漶去大半}成都縣龍池坊^{下有五字已模糊}近卞下有數字印賣咒本一行。唐肅宗至德二年成都改稱府，因推知經咒板行，當在是年以後。印本中央鐫一小佛像坐蓮座上，外刻梵文經咒，咒文外四角四周又圍刻小佛像。唐代民間流行迷信品。現時國內所存古刻本，當以此咒為首。

五代

文殊師利菩薩像　五代刻本　北京圖書館藏　以下各書不注藏處者，皆北京圖書館藏書。　圖版二

匡高二六·八厘米，廣一五·八厘米。四周雙邊。分上下欄，上欄鐫文殊師利菩薩像，下欄鐫五字心真言。刻工體勢與五代刻本韻書相近。清光緒年間出敦煌莫高窟。

宋 依刻版地區順序

一切如來心祕全身舍利寶篋印陁羅尼經　北宋開寶八年吳越國王錢俶刻本　杭州　圖版三

匡高五·七厘米，長二〇五·八厘米。一九二四年八月杭州西湖雷峯塔圮，甎孔中出此經。文多刻落殘缺，此獨完整可誦。首鐫天下兵馬大元帥吳越國王錢俶造此經八萬四千卷，捨入西關甎塔，永充供養，乙亥八月日紀三行。次鐫佛說法圖。又次鐫陁羅尼經全文。乙亥為宋太祖開寶八年，吳越王錢俶在位之二十九年，世亦稱五代刻本。

七

佩文齋廣群芳譜一百卷目録二卷

清康熙四十七年（1708）內府刻本

DC0600四夾板三十二册

清汪灝等編校。

書高25釐米，寬15.9釐米。版框高16.7釐米，寬11.5釐米。每半葉十一行，行二十一字。白口，雙黑魚尾，左右雙邊。版心上方記"廣群芳譜"，上魚尾下記類目、卷次及月次，下魚尾上方記葉次。內封鎸"佩文齋廣群芳譜"。

卷一首葉第一行題"佩文齋廣群芳譜卷第一"，第二行起正文。

書首有康熙四十七年"御製佩文齋廣群芳譜序"，康熙四十七年劉灝"佩文齋廣群芳譜刊成進呈表"，"佩文齋廣群芳譜編校官"，"佩文齋廣群芳譜總目"，凡例，王象晉"群芳譜原敘"。

書中鈐"詒珠館"、"大倉文化財團藏書"朱印。

佩文齋廣羣芳譜卷第一

天時譜

春

增〔禮記鄉飲酒義〕東方者春春之爲言蠢也產萬物者
聖也〔注〕蠢動生之貌也聖之爲言生也〔疏〕東方產萬
物故爲春爲聖 〔爾雅〕春爲青陽〔注〕氣青而溫陽 春
爲發生 〔公羊傳〕春者何歲之始也〔注〕春者天地開闢
之端養生之首 〔管子東方曰歲星其時曰春其氣曰
風風生木 〔梁元帝纂要〕春曰陽春青春芳春三春九
風風生木 春風曰陽風暄風柔風惠風景風媚景時日艮時
春風日陽風春風暄風柔風惠風景日媚景時日艮時
嘉辰芳辰日艮辰嘉辰芳辰節日華節芳節嘉節艮

墨子閒詁十五卷目録一卷附録一卷後語二卷

清光緒丁未（三十三年，1907）瑞安孫氏刻本

DC0651一函八冊

清孫詒讓撰。

孫詒讓（1848—1908），幼名效洙，又名德涵，字仲容（一作沖容），別號籀廎，浙江瑞安人。同治六年舉人，官刑部主事。

書高26釐米，寬15.1釐米。版框高18釐米，寬13.5釐米。每半葉十二行，行二十字，小字雙行，字數同。上下細黑口，左右雙邊。版心中記"墨"及卷次，又下方記葉次。内封鎸"墨子閒詁/十五卷目/録一卷坿/録一卷後/語二卷/詒澤署檢"，每卷末題"永嘉王景羲校/校語續出"。

卷一首葉第一行題"墨子閒詁卷一"，第二行題"瑞安孫詒讓"。

書首有光緒二十一年俞樾序，光緒十九年孫詒讓序，序後有孫詒讓識語，"墨子閒詁總目"，目後有光緒丁未孫詒讓識語。書末有黃紹箕跋。

書中鈐"大倉文化財團藏書"朱印。

墨子閒詁卷一　　瑞安孫詒讓

親士第一

畢沅云眾經音義云士從十從一孔子曰推十合一爲士玉篇云士事也說文解字云士事也近也說文眾經音義云士從十從一孔子曰推十合一爲士

說此篇與修身篇無稱子云墨子過疑古今薛然不謂之

非古本之舊未交多可闕以定或爲墨子所自著或否疑多也案畢

一則唐以馬前總本意已林所如是校正矣

又此篇後人因其大持論以尚賢篇之餘言粗近似遂舉以冠之首

之首一則唐以馬前總本意已如是校正矣

入國而不存其士則亡國矣

急則緩其君矣非賢無急非士無與慮國

說文子部云說文思部思

也緩賢忘士而能以其國存者未曾有也昔者文公

正天下爾雅曰正讀如征王念孫云諸侯盟主故

出走而正天下爾雅曰正長也晉文公諸侯也又廣雅正諸侯者君也凡墨子篇

曰堯舜禹湯文武之所以王天下霸諸侯者以對王天下正諸侯者凡墨子篇

鬼谷子三卷篇目考一卷附録一卷

清嘉慶十年（1805）秦氏石研齋寫刻本
DC0652一函二冊

　　梁陶弘景注。

　　陶弘景（456—536），字通明，南朝梁時丹陽秣陵人。

　　書高30釐米，寬18.1釐米。版框高19.1釐米，寬14.4釐米。每半葉十行，行二十一字，小字雙行，字數同。白口，單黑魚尾，左右雙邊。版心魚尾下方記"鬼谷子"及卷次，又下方記葉次，版心下題"石研齋"。內封鐫"鬼谷子陶宏/景注三卷/嘉慶十年江都秦氏開雕"。各卷末葉末行小字鐫"嘉慶十年乙丑冬十月甘泉吳漣寫/江都秦伯敦父校刊計若干葉"。

　　卷一首葉第一行題"鬼谷子卷上"，第二行題"梁陶宏景注"，第三行起正文。

　　書首有嘉慶十年秦恩復序，"鬼谷子篇目考"。書末有盧文弨跋，乾隆戊申阮元跋。

　　書中鈐"大倉文化財團藏書"朱印。

鬼谷子卷上

梁陶宏景注

捭闔第一 捭撥動也闔閉藏也凡與人言之道或撥
動之令有言示其同也或閉藏之令自言
示其異也

粤若稽古聖人之在天地間也 地間若順稽考也聖人在天
古道而爲眾生之先 知先覺後覺故爲眾生先覺
爲之 首出庶物以前人用先知覺後觀
陰陽之開闔以名命物 成物陽開以生物陰闔以成物生知
存亡之門戶 見者唯知幾者乎故曰知存亡之門戶
也 不忘亡者存有其存者乎知吉凶之
籌策萬類之終始達人心之理見變化之朕焉 之終類之萬
始人心之理變化之朕莫不朗然元悟而守司其門戶
而無幽不測故能籌策遠見焉朕迹也

呂氏春秋二十六卷

元至正嘉興路刻明修補印本
DC0140一夾板五册

秦呂不韋撰, 漢高誘訓解。

呂不韋(前292—前235), 姜姓, 呂氏, 名不韋, 衛國濮陽人。任秦國丞相。高誘, 東漢涿郡人。少受學於同縣盧植, 歷任司空掾, 東郡濮陽令, 後遷監河東。

書高27釐米, 寬17.2釐米。版框高22.4釐米, 寬15.5釐米。每半葉十行, 行二十字, 小字雙行, 字數同。細黑口, 雙黑魚尾, 左右雙邊。版心上魚尾上方記字數, 下方記"呂氏春秋"及卷次, 又下記葉次, 版心下魚尾下方記刻工。

卷一首葉第一行題"呂氏春秋卷第一", 第二行正文小題, 第三行空四格題"呂氏春秋訓解", 又空四格題"高氏", 第四行起正文。

目録第七葉以下闕。

書首有鄭元祐序, "呂氏春秋總目"。

書中鈐"大倉文化財團藏書"朱印。

呂氏春秋卷第一

孟春紀第一　本生　重巳　貴公　去私

呂氏春秋訓解　高氏

一曰孟春之月日在營室 孟長春時夏之正月也營室此為宿衛之分野此日躔昏參中旦尾中 燕之分野參西方宿晉之分野尾東方宿是月昏旦時皆中於南方

其日甲乙 甲乙木德王天下之號伏羲氏以木德死祀於東其帝太皞 木德之帝太皞氏死為木官之神其神句芒 句芒少皞氏之子曰重佐木德之帝死為木官之神在東方為鱗其蟲鱗 鱗魚龍為之長也

其音角 角屬東方少陽律也其音角太簇陰律也其音角太簇聲和太陰而出故其音角 地而出故其音角律中太簇 太簇陽律也陽氣發萬物動生太簇地而出故其味酸 味春東方木王木味酸酸者鑽也其臭羶 羶

太簇其數八 木五行數八故數八

五日木第 三故數八律中太簇五行數八

呂氏春秋二十六卷

明刻本

DC0141八冊

秦呂不韋撰，漢高誘訓解。

書高25.7釐米，寬16.7釐米。版框高20.3釐米，寬14釐米。每半葉十行，行十八至二十字不等，小字雙行，字數同。白口，雙黑魚尾，四周單邊。版心上魚尾上方記字數，下方記"呂氏春秋"及卷次，又下方記葉次，下魚尾下方記刻工。

卷一首葉闕。卷二首葉第一行題"呂氏春秋卷第二"，第二行小題，第三行類目，第四行空五格題"呂氏春秋訓解"，又空三格題"高氏"，第五行起正文。

書首有鄭元祐序，序後又刻"嘉興路儒學教授陳泰至正六"，"呂氏春秋總目"，總目後有鏡湖遺老識語。

闕卷一第三至四葉、卷二第七葉、卷十九第九葉、第二十至二十一葉、卷二十二第六葉及八葉、卷二十三第五葉。卷二十六末葉正文後二行被裁去。

書中鈐"大倉文化財團藏書"朱印。

呂氏春秋卷第二

仲春紀第二

　　貴生　情欲　當染　功名一作由道

呂氏春秋訓解　高氏

一曰仲春之月日在奎仲春夏之二月奎西方宿魯之分野也是月日躔此宿

昏弧中旦建星中弧星在興鬼南建星在斗上是昏旦時皆中於南方其日甲

乙其帝太皞其神句芒其蟲鱗魚其音角律中夾鐘鐘夾

陰律也是月萬物去陽夾陰而生故竹管音中夾鐘也其數八其味酸其臭羶

其祀戶祭先脾始雨水桃李華而耕故曰始雨水也自冬氷雪至此土發

桃李之屬皆舒華也蒼庚鳴鷹化為鳩蒼庚商庚雅曰商庚黧黃皆齊人謂之搏黍

淮南鴻烈解二十八卷

明弘治辛酉(十四年, 1501)王溥刻本

DC0142八册

漢劉安撰, 漢許慎記, 漢高誘註, 明劉績補註。

劉安(前179—前122), 漢高祖劉邦之孫, 封淮南王。許慎(約58—約147), 字叔重, 汝南召陵人。舉孝廉, 歷任洨長、太尉祭酒。

書高26.5釐米, 寬15.9釐米。版框高22釐米, 寬14.5釐米。每半葉九行, 行十七字, 小字雙行, 字數同。上下大黑口, 三黑魚尾, 四周雙邊。版心上魚尾下方記"淮南"及卷次, 中魚尾下方記葉次。

卷一首葉第一行題"淮南鴻烈解卷之一", 第二行題"漢太尉祭酒許慎記上", 第三行題"後學劉績補註", 第四行題"後學王溥較刊", 第五行起正文。卷二十八首葉第一行題"淮南鴻烈要畧間詁"。

書首有"淮南鴻烈解敘"。書末有弘治辛酉劉績後序。

書首序末有清徐時棟墨筆題記, 鈐"月湖長"朱印。書中鈐"城西草堂"、"宜子孫"、"柳泉書畫"、"甬上"、"大倉文化財團藏書"朱印。

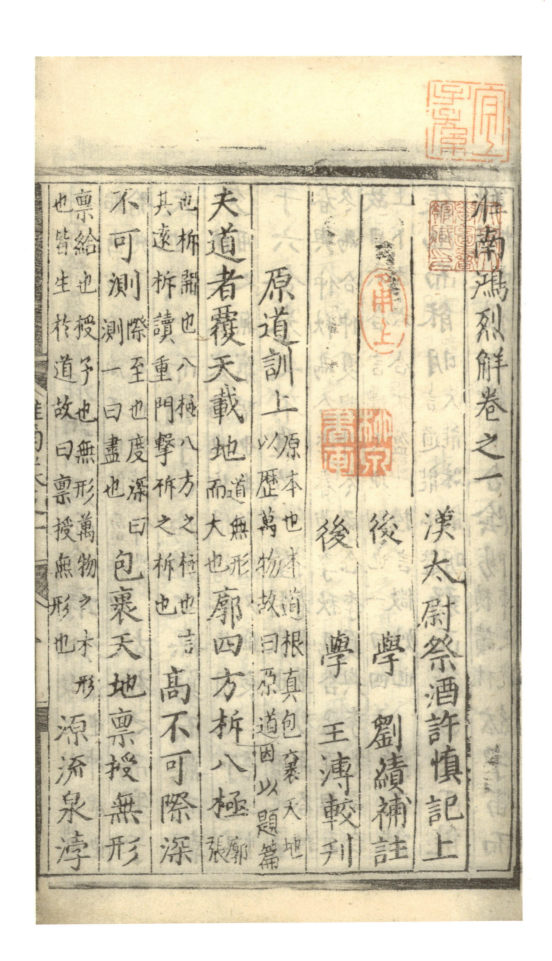

淮南鴻烈解卷之一

漢太尉祭酒許慎記上

後 學 劉績補註

後 學 王溥較刊

原道訓上 原本也本道根真包裹天地故曰原道因以題篇

夫道者覆天載地而大也廓四方柝八極廓張柝

高不可際深

不可測測際至也度深曰

包裹天地稟授無形

源流泉淳

顔氏家訓二卷

明嘉靖甲申（三年，1524）傅太平刻本
DC0129二册

北齊顔之推撰。

顔之推（531—約595），琅邪臨沂人。北齊時官至黃門侍郎、平原太守。齊亡入周為御史上士。

書高29釐米，寬16.4釐米。版框高19.1釐米，寬13.3釐米。每半葉十行，行二十字。白口，四周單邊。版心上記"顔氏家訓"及卷次，下記葉次。

卷一首葉第一行題"顔氏家訓卷上"，第二行題"北齊黃門侍郎顔之推撰"，第三行題"明蜀榮昌後學冷宗元校"，第四行起正文。

書首有嘉靖甲申張璧撰"刻顔氏家訓序"。

有鄭曉、吾進校點，卷端天頭有吾進朱筆題識，鈐"吾進之印"。書中鈐"鄭曉窒甫私印"、"竹素書房"、"吾進私印"、"淡泉"、"大倉文化財團藏書"朱印。

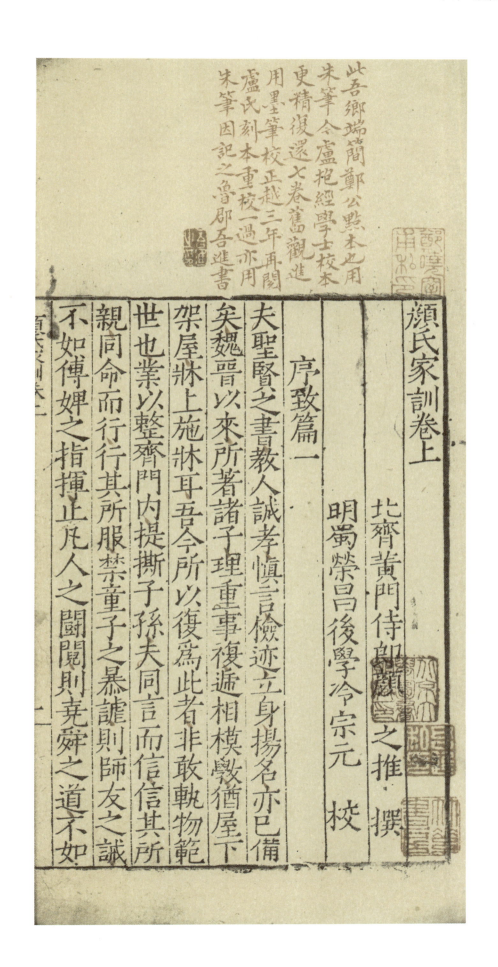

此吾鄉端簡鄭公點本此用
朱筆令盧抱經學士校本
更精復還七卷舊勘觀進
用墨筆校正越三年再閱
盧氏刻本重校一過亦用
朱筆因記之魯邵吾進書

顏氏家訓卷上

序致篇一

北齊黃門侍郎顏之推　撰

明蜀榮昌後學冷宗元　校

夫聖賢之書教人誠孝慎言儉迹立身揚名亦巳備
矣魏晉以來所著諸子理重事複遍相模斅猶屋下
架屋牀上施牀耳吾今所以復爲此者非敢軌物範
世也業以整齊門內提撕子孫夫同言而信信其所
親同命而行行其所服禁童子之暴謔則師友之誡
不如傅婢之指揮止凡人之鬥鬩則堯舜之道不如

習學記言序目五十卷

清乾隆嘉慶間錢氏萃古齋鈔本
DC0123十二册

宋葉適撰。

葉適（1150—1223），字正則，號水心，溫州永嘉人。淳熙五年進士，官至權工部侍郎、吏部侍郎兼直學士院。謚文定。

書高28.1釐米，寬18釐米。版框高21釐米，寬14.5釐米。每半葉十行，行二十字，小字雙行，字數同。黑口，單黑魚尾，左右雙邊。魚尾下方記卷次及葉次，版心下記"萃古齋/鈔本"。

卷一首葉第一行題"習學記言序目卷第一"，第二行起正文。

書首有嘉定十六年孫之宏序，"習學記言序目"目錄。書末有汪綱跋，葉道毅題識。

書中偶見墨筆批注。鈐"璜川吳氏收藏圖書"、"大倉文化財團藏書"朱印。

習學記言序目卷第一

易

乾乾下
乾乾上　坤坤下
　　　　坤坤上

其為三陽也天也此易之始畫
本一而三者非三其

有陰則地也理未有不對立者也陽之一雷二水三

山陰之一風二火三澤此卦也其為六也陽則乾震

坎艮陰則坤兊離巽此義也以卦則三足矣以義心

六而交錯往來所以行於事物也學者觀其一不觀

其二此易道所以難明也乾文言詳矣學者玩文言

而忘录象蓋文言与上下繫説卦序卦之説嘐乚為皆

萃古齋